回顾活动引导

24 个反模式与重构实践

[荷] 艾诺·凡戈·科里（Aino Vonge Corry）著

万学凡　张慧　译

清華大学出版社

内 容 简 介

本书分为3部分24章，分别从结构、规划和人这三个维度来破解回顾活动中存在的顽疾，阐述了如何通过回顾活动来提升个人和团队绩效。本书可以帮助引导师提高技能，训练观察力和同理心，以顺利推进精益、敏捷和DevOps等方法或流程。

北京市版权局著作权合同登记号　图字号：01-2021-3119

Authorized translation from the English language edition, entitled RETROSPECTIVES ANTIPATTERNS 1E BY CORRY, AINO VONGE, published by Pearson Education, Inc, Copyright © 2021 Pearson Education, Inc. All rights reserved. No part of this book may be reproduced or transmitted in any form or by any means, electronic or mechanical, including photocopying, recording or by any information storage retrieval system, without permission from Pearson Education, Inc.

ENGLISH language edition published by TSINGHUA UNIVERSITY PRESS LIMITED, Copyright © 2021.

本书简体中文版由 Pearson Education 授予清华大学出版社在中国大陆地区（不包括香港、澳门特别行政区以及台湾地区）出版与发行。未经许可之出口，视为违反著作权法，将受法律之制裁。

本书封面贴有Pearson Education防伪标签，无标签者不得销售。

版权所有，侵权必究。举报：010-62782989，beiqinquan@tup.tsinghua.edu.cn。

图书在版编目(CIP)数据

回顾活动引导：24个反模式与重构实践 / (荷) 艾诺・凡戈・科里 (Aino Vonge Corry) 著；万学凡，张慧译.—北京：清华大学出版社，2021.7

书名原文：Retrospectives Antipatterns

ISBN 978-7-302-58619-7

Ⅰ.①回… Ⅱ.①艾… ②万… ③张… Ⅲ.项目管理 Ⅳ.①F224.5

中国版本图书馆CIP数据核字(2021)第131668号

责任编辑：文开琪
封面设计：李　坤
责任校对：周剑云
责任印制：宋　林
出版发行：清华大学出版社

网　　址：http：//www.tup.com.cn，http：//www.wqbook.com
地　　址：北京清华大学学研大厦A座　　**邮　　编：**100084
社 总 机：010-62770175　　**邮　　购：**010-62786544
投稿与读者服务：010-62776969，c-service@tup.tsinghua.edu.cn
质量反馈：010-62772015，zhiliang@tup.tsinghua.edu.cn

印 装 者：北京博海升彩色印刷有限公司
经　　销：全国新华书店
开　　本：160mm×230mm　　**印　　张：**15.75　　**字　　数：**376千字
版　　次：2021年7月第1版　　**印　　次：**2021年7月第1次印刷
定　　价：69.80元

产品编号：091935-01

本书献给我最好的朋友艾伦·安格波（Ellen Agerbo），我们俩一起攻读计算机科学学位，一起写硕士论文，还共同参与了部分博士项目，一路同行多年，她从来不相信我能写成一本书。用她的话来说：“你一直都很擅长想点子，但写作从来就不是你的强项。”

推荐序 1

在本书中，艾诺（Aino）讲述了我们是如何相识、相交的。然而，在接下来的岁月里，我们之间的故事不断地展开新的篇章，艾诺与我的关系持续加深并且愈发成熟。随着时间的推移，艾诺已不仅仅是我指导过的学徒，她还成为了我非常尊敬的同事和朋友。

艾诺知道，对于回顾活动实践①的落地，有时候我会有些过于偏袒其重要性。作为一名作者和团队持续学习及改进的早期倡导者，我希望团队会议每一次都能带来有价值的成果。我鼓励团队领导者为团队回顾活动留出专门的时间。我希望团队（和他们的组织）能从回顾活动实践中不断地获取持续增长的收益。

遗憾的是，我经常听到的是徒有其名的“回顾活动故事”：只是为了检查之前罗列的任务是否完成而草草进行的回顾活动；或者有的回顾活动仅仅只是对两三个问题进行追溯、得到答案，导致最终几乎没有什么可执行改进的计划。讲这些故事的人一般接下来就会说，团队认为这些会议纯粹就是在浪费时间。我无法责怪他们。他们当然会有这样的感受。这些会议占用了团队的时间，却没有给团队带来所承诺的收益。但是，在我过度偏袒的心态下，我认为这样的会议不应该冠以“回顾活动”这个名字。无论这些会议实际上是什么，我都不会认可它们是我所认为的“回顾活动”。

① 中文版编注：作为敏捷的三大重要活动之一，回顾活动 (Retrospective) 对个人和团队的持续改进有着重要而关键的意义。在各大敏捷方法中，尤其是 Scrum，特别强调保留整套措辞，比如 Sprint，Backlog， Product，Review，Retro，Planning，Scrum Master，Product Owner 等。到今天，距离敏捷宣言的发布已经过去二十多年，敏捷、精益以及 DevOps 越来越普遍应用并深入到各行各业的各个部门。人们已经不再满足于散装英语所带来的割裂感，更倾向于突破方法论和框架的藩篱，将其底层的逻辑和精髓内化到日常的工作场景中。为了响应这一需求，在非唯方法论的论述中，我们考虑采用更通俗易懂的中文表达，比如用回顾活动来代替 Retro。究其性质和目的而言，回顾活动往往是指回顾过去发生的事件或制作的产品/服务，它在医学、软件开发、流行文化和艺术中有特定的含义，尤其是针对软件开发行业，回顾活动通常也相当于复盘。“复盘”本来是围棋术语，指对弈者下完一盘棋之后，重新在棋盘上把对弈过程摆一遍，看看哪些地方下得好，哪些下得不好，哪些地方可以有不同甚至是更好的下法等。没有回顾，何来进步？回顾与审视，也许是我们人区别于其他生物的最大特质吧。

正因为如此，我非常渴望与那些引导有效回顾活动的同事进行交流。因为他们传达的信息让我知道，我并不是在孤军奋战。这些天来，每当我看到艾诺·科里 (Aino Corry) 在会议或其他活动项目中介绍与回顾活动相关的主题时，我都会感到无比振奋。我知道自己可以松一口气了。这些受众（以及与她合作更紧密的团队）将从艾诺那里获得关于团队改进之路的宝贵信息。我很乐意将她的培训推荐给任何有需要的人。

这就是为什么我非常高兴能够推荐这本书。在书中，艾诺分享了一个强大的、精心策划的反模式列表以及如何在回顾活动中规避它们。这些内容对每个经验丰富的引导师来说都是耳熟能详的。我对其中的大多数都非常熟悉。而且，她分享的远不仅仅是技巧和技术。如果仔细阅读这本书，你将会发现，它就像一座金矿，里面满是无价的金块，这其中包括她的个人经验、有效的引导资源以及当你陷入反模式时，能够让你和团队得以脱困的提示和建议。

请拿起这本书，仔细研究反模式，找出最常出现在你的回顾活动中的。然后为你的下一次回顾活动制订一个计划，将艾诺的反模式解决方案纳入其中，并改善你的结果。相信我，你会非常庆幸自己这样做的。

衷心祝愿你们在未来的回顾活动中一切顺利。

戴安娜·拉森（Diana Larsen）

《敏捷回顾活动：团队从优秀到卓越之道》的合著者

敏捷流畅度项目联合创始人和首席联络人

推荐序 2

这本书来得正是时候，我这刚好正琢磨着想要研究一下回顾会议，学凡就找到了我。

迫不及待地用了一个周末快速读完，整体阅读感觉非常好，一方面是因为其独特的写作结构，另一方面是案例的真实性营造出很强的代入感。更重要的是，作者身经百战之后的经验沉淀和译者在敏捷领域的深耕，忠实呈现了敏捷开发中最重要的回顾会议之众多反模式以及如何加以重构和引导。

在阅读本书之前，如果你还不知道回顾会议，大概需要花 30 分钟快速了解一下回顾会议是什么。回顾会议好像就是这么简单，3 个开放式问题，每个迭代结束就拉团队一起开个会。但简单的事情想要做好，却从来都不容易。

艾诺（Aino）是一位经验丰富的回顾会议专家，十年间在数十个组织推动了数百场的回顾活动，归纳总结出结构、规划和人员等 3 个大类的 24 个反模式，每一个都值得细细体味，谨记于心。

本书并非回顾会议的入门指南，而是进阶。如果你曾经主导或参与过回顾会议，会与书中提到的各种场景产生共鸣，这些反模式不经意间就会出现。也许你经历过其中的一些，亦或是大多数，有些也许完全没有意识到这是一种反模式。

反模式的好处在于，它将人们习以为常、熟视无睹的行为表象背后的共性问题加以归纳和总结并以较为容易识别的方式呈现出来。

反模式就像代码中的 Bad Smell，坏味道有时会隐匿于香味之下，你需要有极其敏感的嗅觉才能在其演化到不可收拾的恶臭之前发现并及时加以解决。

合上学凡伉俪联手的译著《回顾活动引导：24 个反模式与重构实践》，字里行间那些机智幽默的见解已经深刻地烙印在我的脑海中，激活了我丰富的联想。

对所有不喜欢回顾活动、试图逃避回顾活动、甚至有时破坏回顾活动的人表示衷心的感谢。如果没有你们，就不会有这本书的诞生。

回顾是“真正重要的工作”，回顾的目的是提供及时的反馈，反馈的目的是持续的改进。

从投入产出比 ROI 的角度，回顾会议大概是 ROI 最高的事项之一了。但往往因为回顾会议所产生价值并非即时可以体现，而种种反模式的存在又让人们容易忽略其价值，因此重要但不紧急而容易被挤占时间，而这样的事情发生一两次之后，回顾会议就真的变成可有可无。这就像是为省电而关闭报警器一样。

在这个世界里，我们必须不停奔跑，才能停留在原地。

红后竞赛的本质，又一次出现在这本以回顾活动为主题的敏捷图书里面。我们需要让团队相信，花在回顾上的时间是值得的。人们之所以不重视回顾会议，如同作者所说的“身体缺席或精神缺席”，正是因为价值判断的结果，导致人们误以为某些事情比回顾更重要。让回顾会议产生价值，苦口婆心地宣传回顾活动的重要性之外，最直接的莫过于让团队快速获得小胜的快感。与团队高效共创出有价值的点子，并且这些点子可以真正快速落地并支持团队改进。

回顾是一面镜子，要发挥其最大的效用，我们必须真实地面对它。

回顾本身是一个“找茬”的过程，尽管有对 3W（What Went Well）进行回顾，但人们的关注点自然更侧重于待改进事项上。有待改进的事项，如果对应到具体的人，很容易演变为责任追查。

因此，关于回顾活动，最需要强调却往往被忽视的是，在每次会议之前应该重申敏捷回顾最高指导原则（无论我们发现了什么，考虑到当时的已知情况、个人的技术水平和能力、可用的资源，以及手上的状况，我们理解并坚信：每个人对自己的工作都已全力以赴。）

并在会后严守拉斯维加斯规则（在拉斯维加斯发生的事就留在拉斯维加斯）。除非每个人都同意，否则在回顾会上分享的任何事情都不应传出会场。

所以要开好回顾会议，信任与安全至关重要，“没有信任就没有团队”。

作者用了多个篇章来描述团队信任以及团队文化。团队和协作是研发效能的基础，而团队和协作的基础则是信任与安全。近几年，我也深刻领悟到团队内部以及人与人之间彼此信任的重要性以及因为信任缺失而引发的问题。书中对信任的定义和内涵有详细讨论，值得细细品位：

信任就是“相信 [你] 会找到 [他人] 所期望的、而不是害怕的东西（Deutsch 1977）”

信任是一个人的希望与恐惧的交集。

把信任描述为关系加上可靠性的总和。

阅读的过程也是学习的过程，24 个反模式中，个人感触比较深的有“无效的民主”，关于重视少数派意见，是经常被忽略的，我们太过重视大多数人的选择，我们会用投点计数来决策，却忽略了不占人数优势的少数重要不可或缺的领域，譬如作者提到的 UX/UI 角色就是重要的“少数派”。

还有“幸运轮盘”，为了快速完成回顾会议而草率做出的决定，缺乏承诺，没有探寻深层的原因，没有倾听言外（未言）之意，想要节约时间，事实上却是最大的浪费。

“延期死亡”，只在回顾会议上才进行回顾，就好像“非要等到周一才开始节食减肥一样”。

包括文中提到的从 5 WHY 到 5 HOW 的转化，也很有意思。WHY 常用于根因分析，而探寻事件发生的原因，对解决问题当然有好处，但弊端是容易变成追责，并且根因是面向过去，而非面向未来。问为什么，容易让人有防范心理；如果换成“如何”，简单的对事不对人，同时一起向着未来看。

最容易被忽视的反模式，在我看来是隐藏的第 25 个反模式，是作者在前言中提到的“回顾引导工作从来不会有两次是相同的，如果有，那么它本身就是一个反模式。”回顾会议的本身，也需要不断加以回顾、总结与改进。

分布式团队以及后疫情时代，线上工作方式越发普遍。线上回顾活动成为一个绕不开的话题，本书开创性地包含了线上模式下回顾活动引导的注意事项和技巧，以及如何识别和应对反模式。

这些注意事项以及反模式，不仅在回顾会议中有效，同样适用于其他形式的线上会议。作为中国 DevOps 社区和 IDCF 社区的发起人，我经常需要组织和参与各类线上会议，所以对作者提到的种种场景感同身受，而看到作者列举出自己种种反模式，更是于我心有戚戚焉，入坑的原来不只是我！

除了众多的反模式，作者也提供行之有效的回顾工具箱，而这些工具大多是极好的引导工具，可以应用于包括回顾在内的大部分会议中，而这也进一步例证了回顾会议引导技巧对做好有效回顾的必要性。

这本书所传授的技巧不仅适用于回顾会议，也可以应用于敏捷或 DevOps 教练所面临的各种场景，可以用在专业教练、引导师和培训讲师的场景，甚至可用用于日常的工作与生活中。

对于作者在书中提到的章鱼，个人感触颇深。要想做好回顾会议，需要具备各种技能，如果把回顾活动比喻为脑，那么这些技能就是章鱼的触角：有开发经验的敏捷教练；娴熟的引导技巧；精湛的视觉引导技能；专业教练技术；行为心理学和社会心理学，甚至人性和脑科学；高智商与高情商。

想到这里，我已经迫不及待地想要二刷中文版《回顾活动引导》，你呢？

姚冬

华为云应用平台部首席技术布道师，

中国 DevOps 社区 2021 年度理事长，IDCF 社区联合发起者

推荐序 3

2021 年 5 月，学凡老师联系我并邀请我对他最新的译作《回顾活动引导：24 个反模式与重构实践》一书写序。对敏捷回顾缺乏实践经验是我的短板，正好借此机会近水楼台先得月，先睹为快。

敏捷开发在国内已经成为一种主流的开发模式，但大部分团队都对敏捷开发的核心实践有删减，被偷工减料程度最高的估计就是回顾会议。我们自己就没有很好地执行这个实践，索性不开，即使开，效果也不好。

为什么回顾会议往往容易被忽略呢？我想可能有两个方面的原因：一是大家觉得回顾会议并不直接创造价值。制定的改进计划往往执行不下去，效果不好；二来是讨论问题会演变为追责，如果缺乏引导技巧，会上升到对人而非事的评判上，容易引起团队内部矛盾。

带着这两个问题，我仔细阅读了这本书。读罢真是令人观止。这是迄今为止我所看到的对敏捷回顾总结最齐全的一本书。作者艾诺在过去十年里为 27 个公司的 68 个团队做了 296 次的回顾推动，累计总结了 3 大类共计 24 种反模式。每一种模式都是从故事背景、背景解读、反模式解决方案、结果、症状和重构方案等角度做了详细的分析。读者可以从头到尾完整地阅读，也可以直接结合自身的情况来对症下药，寻找良方，完全适合用作敏捷教练的案头必备参考。

本书的翻译可谓字字珠玑，引人入胜，深得信达雅之道，相信此书中文版的出版会极大地推动国内团队敏捷回顾实践的落地，让更多团队体会到敏捷开发的价值！愿敏捷与您同在！

王春生

禅道软件创始人

推荐序 4

在我的工作经历中，无论是基础的业务分析、解决方案设计和交付管理，还是数字战略设计，敏捷始终贯穿其中。正因如此，我常常会在各种场合被问到一个问题，什么才是真正的“敏捷”，如何才能做到“敏捷”。在我看来，敏捷首先问题驱动的变革思路，其次是一个长期而反复的定位问题、分析问题和解决问题的过程，最后是一系列方法和实践的集合。

市面上关于敏捷的书并不少，因为工作原因，我有一段时间，只要有新书上市，我总是喜欢去翻翻。很多时候，我都有一个感受，大部分书籍的内容，都围绕着方法和实践的“标准”动作来讲解概念和流程。这是有帮助的，因为参照标准动作，读者能够快速搭建起一套敏捷的工作框架，而在初始阶段，标准化总是有益的。然而，接下来，您会发现，随着各种实践的深入，真实项目场景的差异，各种各样的问题会随之纷至沓来。是的，那个长期而反复的定位问题、分析问题和解决问题的过程刚刚开始。而这个时候，能够给我们启发和帮助的书籍却不多了。

好友学凡向我推荐我的这本书，着实让我有了不一样的感受。

看似简单的实践，做好并不容易。

“回顾”是敏捷体系中最经典的实践之一。每迭代进行一次，创造一个“安全”的环境，大家轮流发言，用“well”“less well”“suggestions”等标签来分类整理……做到这样是否就够了？您是否会碰到过这样的问题，无视指导原则？超时？变成吐槽大会？或者带有明确指向性的投票？的确，看似简单的实践，做好并不容易。在这本书中，几乎“穷举”了在回顾会议当中，可能碰到的所有问题。而带领团队跨越这一个个的问题，才能让这项实践真正在团队中落地生根。

知其然，也知其所以然。

“Sarah 想要开始回顾，但她也理解大家都特别想要聊聊滑雪之旅，尤其是在这个时候，因为对大多数团队成员来说，最后的冲刺总是令人沮丧的。因此，她左右为难，是允许大家继续滑雪旅行的闲聊？还是立刻结束它，开始回顾？”

这是书中描述的一个典型问题的场景，共鸣之余，如何带领团队客服这样的问题？书中对于每一个问题的阐释，都从一个背景故事出发，剖析“反模式”，重构解决方案，最后回到作者自己的经历。由现象触及本质，再回到经验。知其然，也知其所以然，这才是解决问题的根本。

这是一本系统的实践指南，也是案头常备的工作参考。

本书作者是活跃于回顾引导领域的顾问和专家，具有丰富的经验，她通过全面而系统的讲解、入木三分的分析以及娓娓道来的故事，大大提升了本书的可读性。好友学凡和张慧伉俪对待翻译的态度和细腻的笔触，使得本书更加亲和自然。我觉得，这本书不只是一本关于回顾实践的指南，更是一本可以放在案头常常查阅的工作参考。以十二分的诚意向大家推荐！

马徐

ThoughtWorks 首席咨询师

推荐序 5

敏捷回顾对现今的项目管理来说，早已经不是一个陌生的实践。越来越多的企业都在强调回顾或者说复盘的重要性，希望借此来帮助组织以更高效的方式实现战略目标。

然而，要想解决问题，需要我们透过现象去看本质。在复杂的组织环境中，要想找到真正的“问题”，并不容易。企业文化、环境、团队氛围和领导者，这一切都会影响大家表达问题的方式以及暴露问题的勇气，如果组织者没有洞察到这些外部因素，那么项目回顾很有可能只是走一个过场，最终不仅浪费大家的时间，还很有可能因此而忽略真正的问题而导致更为严重的后果。所以，具备识别这些反模式的能力，对组织的管理者和改革的推动者来讲，尤其重要。本书的目的是指导我们如何识破这些陷进，除此之外，还向我们指引了一条破解之道。

我很喜欢这本书的故事结构，不教条，并没有告诉我们应该怎么做，而是首先通过一个个具体的故事背景和现象引起读者的共鸣。这些故事在我们日常回顾中太常见了，阅读过程中，我们甚至能将具体的人物、情节代入到反模式解决方案中。在阐述完其结果和症状之后，进一步引导得出更合适的解决方案，并以身说法，用自己的个人经历加强读者印象。这里不得不提到的一个部分，就是作者还会结合线上办公的情况进行具体分析，这对于分布式开发团队太适用了。尤其是在经历过不寻常的 2020 年之后，全球都面临着远程办公的常态化，毫无疑问，在这样的背景下，如何通过在线的回顾会议提升团队效率，更需要每个项目管理者持续不断地探索。

作为项目经理，我们太多数时候都会不由自主地把更多精力放在项目交付以及对客户的承诺上，关注项目里程碑、交付流程和客户验收等。所有的这一切，或许可以帮助我们按时交付，但它是否能成功，取决于我们在交付过程中是不是真正地通过团队力量共同创造了真正的市场价值。而团队力量如何形成，其实就是本书的精华所在。所以，建议项目管理者都来好好研读一下这本书，它会给我们带来一个全新的视角来思考真正的问题。

刘翔
明源云 • 天际 CTO

推荐序 6

感谢学凡向我和凯捷凯捷咨询龙腾营的三位同学刘小雪、戚晓桐、张婕推荐了这本关于回顾会议的书。通过阅读这本书，让我们有机会对项目管理和咨询过程中最有价值、但是最容易被忽视的一种会议——回顾会议（retrospective meeting），有了更深刻的理解与认识。

我们之所以将回顾会议称为敏捷项目管理中最重要的会议，是因为它给团队提供了一个自我反思的机会和一套持续改进的框架。如果团队希望持续不断地进步，就需要在每个开发迭代完成以后，团队成员能一起回顾上个迭代中发生过的事情，哪些做得好，哪些还需要提升、改进，团队通过充分的讨论来查缺补漏，从不同的维度来分析问题，讨论解决方案，制定出具体的改进计划，并且指定明确的负责人跟进改进计划——这就是“反思 - 改进”框架。

“反思 - 改进”框架曾经是曾国藩自我管理的利器。他在三十余年间坚持用恭楷书写日记，将一天做了什么事、说了什么话都细细地回想、记录下来，然后深刻反省哪件事做得不对、哪句话说得不对。通过这种方式，曾国藩对自己的性格、脾气、为人处世进行管理、提升，成为“中兴名臣”、“千古完人”。针对项目持续改进，回顾会议的作用与“曾国藩日记”对于个人的持续提升作用很相似，它能够帮助团队沟通协作、持续改进、追求高响应力的重要性，而这正是敏捷的核心。

作为一名咨询顾问与敏捷教练，作者艾诺有着令人敬佩的个人经历。她在多年的回顾会议主持的过程中，积累了极为丰富的案例。本书是作者在反复打磨的基础之上，为读者提供的行为指南，每个反模式案例都非常生动，有详细的故事背景、问题产生的原因以及相应的解决方案，从而帮助读者掌握组织回顾会议的要义和技巧，更好地利用回顾会议来实现项目持续不断的优化。这些案例还原了我们生活和工作中的诸多场景，相信您在阅读本书的同时，对这些熟悉的小场景一定会倍感亲切、深有感触。本书中还提到了许多耳熟能详的小工具或技巧，但请注意，其中一些观点可能与您以往的认知有所不同，这正是本书的精彩、特别之处，让您对于敏捷回顾建立全新的认识，引发更多的思考，从而帮助团队免于陷入重复性错误的困境，促进团队的持续学习和成长，打造敏捷的企业文化。

袁欣

凯捷咨询沈阳数字化云交付中心负责人

译者序

三年前，我受邀到一家大型企业观察并辅导他们团队的敏捷实践，其中极为重要的一个环节便是敏捷回顾。团队非常困惑，他们遵循了回顾的所有“规则”——团队的发言顺序，回顾的既定流程，以及会后的行动追踪，然而回顾却并未达到预期的效果，甚至渐渐引起了团队的反感与抗拒。

这样的案例相信大家都不会觉得陌生。在敏捷实践的过程中，我们会发现其实并不存在什么所谓“最佳实践”组成的银弹，也没有一种“放之四海而皆准”的方法可以将敏捷套用到任何一个团队中。业内人士稍稍留心就会发现，图书市场上与敏捷相关的书籍汗牛充栋、浩如烟海，其中也不乏大量总结回顾会议中各种有效模式的书。但是“乱花渐欲迷人眼”，读者常常感到难以选择，不知道如何找到针对性更强、更加实用的指导书籍。

本书作者艾诺（Aino Vonge Corry）是一位经验丰富的独立咨询顾问，她独运匠心、另辟蹊径，跳出其他敏捷书籍惯用的思路，反其道而行之地以“反模式”的角度出发，从结构、规划和人员三个维度展开，精辟分析了这个领域里所有可能出现的各种问题，与我们分享了 24 种反模式、对应的错误的案例以及它们的重构解决方案。这些精心提炼出来的反模式如同黑暗房间里打开的一扇扇窗，引导读者识别并避开敏捷回顾的推动中常见的错误和陷阱，同时提升自己的主持水平和技巧。

对于回顾的重要性，作者也以章鱼为喻做了生动地说明：章鱼 60% 的大脑都分布在它的八条腿上，几乎成为了八个独立的小动物，并且每一个都有自己的意志，却都能与章鱼的其他部分形成一个整体来协同工作——这正是我们希望通过回顾让团队达到的一种状态：朝着一个共同的目标一起努力，同时又保持个体的独立，有各自的优势和关注点。回顾的本质就是帮助团队不断成长。

从本书中，我们不仅可以学习到实用性很强的敏捷实践，而且能深入了解敏捷思维的核心。作为数字化转型顾问，我经常被问到：在数字化时代，“敏捷”起到何种作用？时至今日，敏捷思维在行业内越来越深受重视，客户也期望我们帮助其变得敏捷，“数字变革”正是这一变化的重要推动力——业务与科技之间的整体关系正被重新定向，而业务数字重定向的核心就是敏捷思维，必将在未来的发展中起到关键作用。当我们谈论敏捷的时候，往往首先想到的是软件研发，然而打造充满活力、高响应力的敏捷性组织更是我们应当追求的目标。我个人坚持认为，共同的精神和价值观构成了我们常说的敏捷思维，它是践行敏捷的前提。只有在此前提之下，我们才能思考如何将敏捷实践成功地运用于每个团队。要做到这一点并不容易，却极具价值。

这本书是我与我太太张慧共同翻译的第一本书。她是文科出身，主修科技英语。本书的大部分文字均出自她的笔下。译文字里行间中能读到一份平静、含蓄和幽默，与作者的风格颇有几分神似。这也是我特别喜欢、并向很多朋友重点推荐本书的原因之一。桌前灯下，我们两人一起对书中的文字细细推敲，字斟句酌地修改，在翻译书中一些有趣案例的时候，我们常常相顾莞尔。这种互相陪伴、共同成长的经历，对我们而言是无比宝贵的财富。

感谢我的好朋友马徐、万星、张岳、侯理敏、柏家路、许海洋，他们在翻译过程中提供了许多专业的意见和建议。没有他们的支持，我们很难顺利完成本书的翻译。

感谢各位读者，期待本书能帮助大家做好敏捷回顾引导，让敏捷、精益以及 DevOps 真正落地。

前言

本书为你而写

我很早之前就想为你写这本书。事实上，我准备了如此长的时间，以至于这已经成为我的家人和朋友之间流传已久的一个笑话。

我设想，也许某个夜晚你坐在沙发上，对自己作为一个回顾活动引导师所经历的一切感到沮丧，你迫切希望知道有人能够帮你分担痛苦。如果情况正如我所说，那么这本书就是为你而写的。我将告诉你我在回顾活动中经历过的的所有错误以及它们是如何不断地重复发生，促使我将这些反模式都写出来。

不要因为我将这些错误描述为反模式而感到气馁：在每个反模式的讲解中，都包含了对其相应的解决方案的描述。大多数的解决方案都需要你在下一次回顾活动中做出不同的计划；比如，我可能会帮你想办法，告诉你如何记住解释某一项活动的原因。但是，也有一些实时的解决方案，可以在回顾活动过程中针对事件自发地做出反应，例如，关于如何鼓励人们在沉默时发言的方法。

在阅读本书时，你可能会注意到，我在回顾活动的背景下描述的大多数反模式也可以在其他类型的会议中找到。我认为，反模式中描述的解决方案可以适用于你所引导的任何类型的会议。因为所有的会议都有一位引导师，没错吧？（Eckstein 2019）中也对这一点提出了支持的主张，即回顾活动的结构可以在更多的环境中使用，而不仅仅是我在上下文中所描述的那种团队周期性活动。她描述了回顾活动如何帮助你在远比 Scrum 团队更大的范围内实现组织变革，而 Scrum 团队通常与回顾活动的概念相联系。

如果你刚开始接触这种引导工作，可以先读一读我的书，因为这样你就能注意到所有可能会遇到的挑战。另一方面，我们不总是习惯于临时抱佛脚吗？我们永远只有在迫切需要的时候，才愿意认真学习相关的知识，所以在你开始认同这本书之前，你需要先让自己犯错误。现在读这本书可能只会让你笑一笑:“她真的这么做了吗?”“到底是什么让她觉得那样说是个好主意?”不过呐,做人呢,最重要就是开心。所以呢,这本书对你来说总是有价值的。

本书的诞生

在本世纪初,我担任在丹麦奥尔胡斯举行的JAOO会议(现在称为GOTO)的联合组织者和项目主席,琳达·瑞幸(Linda Rising)在这次会议上受邀做演讲。她与玛丽·连恩·曼斯(Mary Lynn Manns)合著了《拥抱变革:从优秀走向卓越的48个组织转型模式》(2005)一书,她向我介绍了诺姆·柯思(Norm Kerth)的重要著作《项目回顾活动:项目组评议手册(2001)》。我一直很喜欢听她的演讲,但这次尤为特别。回顾活动的想法激起了我强烈的兴趣,我发现它对我们客户组织的团队以及我们公司的团队都非常有用。在会议结束后,我读了她的书,由此对引导回顾活动有了信心。就这样,在2007年,我开始引导一些回顾活动。

在这个旅程中,我接下来参加了戴安娜·拉森(Diana Larsen)的敏捷回顾活动引导课程。这次学习真的让我看到了各种可能性和挑战。我很幸运能在丹麦协助戴安娜(Diana)进行后面的课程,作为老师,你学到的东西甚至比作为学生还要更多。从那以后,我一直沉迷于帮助他人和团队进行反思及学习。我开始引导更多的回顾活动,首先是为我在IT行业的同事,后来是在其他公司和场合中。在过去的10年里,我在几十个组织中引导了百次回顾活动,并在各种会议、极客之夜以及(坦白地说)在任何能够“洗脑”的场合里,发表关于敏捷回顾活动引导的演讲。

我读过很多书籍和文章,看了很多演讲,既有网上的,也有会上的。当然,我还学习了很多种活动技巧,但我很快就意识到,要成为一个优秀的回顾活动引导师,不仅是要知道应该应用哪些(回顾活动)活动,还有更多需要学习的内容。我花了一些时间去学习肢体语言,

《身体语言密码》（Pease & Pease 2004）让我了解到眼神接触、握手的重要性以及在与他人交往时自己不同的站位会造成哪些不一样的影响。我从许多书籍中获得了灵感，即使这些书并非直接针对引导回顾活动，你可以参阅本书最末的参考文献部分。

我丈夫经常吐槽我记性差，殊不知，正是这个所谓的毛病促使我养成来多年来一直坚持记录回顾活动引导活动过程的习惯。我在一个黑皮小本本上记下了我尝试过的所有技巧以及这些技巧是否有助于帮助团队取得进步和避免陷入困境。如果我临时想出一种方法可以重新引导一个正在兜圈子的讨论，我就在本子上面用寥寥数语记录下来。当一组开发人员需要一个正确的方向以保持会议的建设性和有用性时，我就用这个小黑本来提醒自己已经尝试过什么方法以及它是否有效。如果我发明或偷学了一个傻乎乎的游戏或练习，但能够在人们因为久坐讨论而身心疲惫的时候让他们活动起来，我也把这个游戏或练习记下来。到目前为止，将这些笔记本中的回顾活动记录全部加起来，我已经为 27 个公司中的 68 个团队做过 296 次回顾活动引导，同时我清楚地知道，在开始做笔记之前，我就已经做了很多相关的工作。

事实证明，当我使用这个笔记本的时候，它不仅能提醒我哪些工作有效、哪些无效，而且还能帮助我跟进团队在之前的回顾活动中可能已经决定的实践。我还为每次回顾活动写了计划 A 和计划 B，这样我就可以把所有的计划集中在一起，并且从我早期的工作中获得灵感。有些人可能会依靠自己的记忆来了解过去的成功和失误，但这不是我的做法。当我开始引导线上回顾活动时，最初我忘了用我的笔记本，使用的是在线上工具。在经历了一些不太成功的线上回顾活动之后，我发现笔记本在线上回顾活动中同样有用，因为它能让我快速了解情况，并帮助我回忆。

我从 2013 年 10 月开始写这本书，它其实萃取自我的“黑皮小本本”——或者更确切地说，是众多“小黑本”。至少是对其中糟糕部分的提炼，因为这是一本关于反模式的书，所以提炼出来的都是人们曾经掉进过的“坑”、我自己犯过的错误以及我填坑和修正错误的最佳建议。引导回顾活动的工作从来不会有两次是相同的，如果有，那么它本身就是一个反模式。我一直都在学习如何让会议更有意义，如何让团队更好地合作。我也非常乐意向那些持怀疑态度的软件开发人员展示——他们总是只愿意一个人静静地敲代码——他们可以从每周的工作中挪出一小部分时间来与同事交流，从中获益匪浅。

虽然学习的过程永无止境，我自己也还在不断地学习，但我希望能与更多的人分享我目前所学到的东西。在书中和网上都能找到很多关于如何成功地引导一次回顾活动的资料，但多年以来，我还是看到很多人都在为同样的问题而苦恼。这就是为什么我决定将这本书构建为反模式的集合。回顾活动并不容易引导，但是，很容易被破坏或者至少使其效率降低，因此我认为出版一本反模式书籍的时机已经成熟。但是，请不要被反模式的消极影响所吓倒。每一个反模式都包含一个对我和我所帮助的团队非常有效的重构解决方案。

此外，当你阅读本书中的重构解决方案部分时，请记住，在采用我的建议之前要先考虑你自己的上下文。正如过去每当我问戴安娜·拉森（Diana Larsen）在回顾活动中应该怎么做时，她常常这样说：“这要看具体情况。”她的意思就是，这取决于上下文。

前提

我假设，既然在阅读这本书，说明你应该已经熟悉回顾活动和引导师的角色。如果需要复习，你可以花一些时间在互联网上阅读关于回顾活动的文章，当然，也可以阅读《敏捷回顾活动：团队从优秀到卓越之道》这本书。

我在书中添加了很多信息框来解释那些你可能不知道或者已经忘记的概念。如果已经了解了这些不同概念所涵盖的内容，你可以随意跳过它们。

什么是回顾活动？

回顾活动是一个团队在有组织的会议中对过去进行反思和学习的机会。回顾活动的主要目的是检查形势，适应现实。检查和自适应是任何敏捷过程的核心，最早是随着《改变世界的机器》（Womack，Jones & Roos 1990）一书中的日文单词 kaizen 流行起来的。为了获得真正的检查并能够适应某种情况，我们需要创造一种充分信任的氛围，在这种氛围中人们可以愉快地分享他们的经验。引导师要确保每个人的意见都能以某种方式被听取，然后由团队共同决定哪些内容需要花时间讨论或是进行原因分析。回顾活动的结果通常是团队为了改进工作方式而进行的一些实践。或者，正如《敏捷回顾活动》（Larsen & Derby 2006）所说的那样，回顾活动是为了让"团队从优秀到卓越！"回顾活动也是一个团队分享自上次回顾活动以来经历了哪些不同事件并获得相互间的理解的机会。正如先父常说："理解一切，就是原谅一切。"

回顾活动的五个阶段

在回顾活动的各种定义中，《敏捷回顾活动》（Larsen & Derby 2006）将回顾活动的历程描述为五个阶段。

1. 设置场景：引导师首先需要创建一种安全信任的氛围，确保每个人的意见都能被听取，查看之前的实践，确定回顾活动的主题，并负责回顾活动开始前所有的必要任务事项。

2. 收集数据：团队收集回顾活动所关注的时间段内的数据（关于经验、事件、测试、销售等）。

3. 生成洞见：团队寻找数据背后的故事和故事背后的原因。这个阶段可以以自由讨论或根因分析的方式来进行。

4. 达成共识：团队根据所讨论的经验，共同决定如何改善他们的合作方式。

5. 结束回顾活动：团队决定由谁负责跟踪实践。引导师总结回顾活动中所发生的事情，如果他 / 她认为回顾活动有价值，可能会提供对回顾活动的评估，即在回顾活动中回顾活动。

我经常听到有人说，在短时冲刺回顾活动中，没有必要经历这所有五个阶段。但这种思维方式正是导致过早决策的原因，我们将在后面第 1 章“幸运大转盘”中深入描述。

什么是模式

所谓模式，是对经常重复出现的问题进行抽象之后所得到的解决方案；是一种以文学形式来传播经验的手段；是对设计、编码或其他所有领域解决方案的另一种描述词汇。模式是一种方法，用来描述事情在组织中是如何进行的。它包含了对背景以及定义需要解决问题的影响力的描述、模式解决方案以及应用模式的成效和结果。一个模式通常会涉及到其他模式，因为在另一个模式中找到的解决方案可能会对这一模式的结果有所帮助。

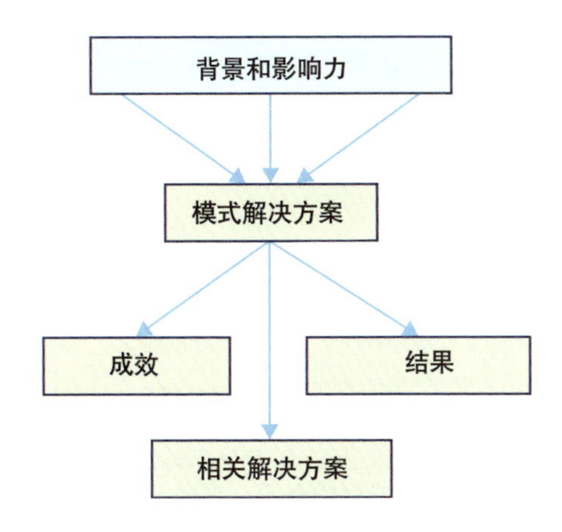

模式的要素

模式的概念是由建筑设计师克里斯托弗·亚历山大（Christopher Alexander）与其合著者在《建筑模式语言：城镇、建筑、构造》（1977）中提出的。仅仅十多年后，肯特·贝克（Kent Beck）在 Smalltalk 报告中的文章“模式语言简介”里介绍了模式在软件中的应用，并将重点放在了交流上。两年后，这个概念因为《设计模式：可复用面向对象软件的基础》（Gamma et al.1995）一书而流行起来，这本书现在被称为“GoF”，因为其四位作者被业内统称为“四人组”。

在使用模式时，比如观察者模式、组合模式和策略模式（Gamma et al.1995），我们只需参考模式的名称而不必从头开始解释某个设计或概念，这一点是很有用的。模式之所以有效，是因为大脑处理认知模式和认知自动化的方式。当学习某件事情时，这些新知识的细节会“粘合”在我们的长期记忆中，形成一种认知模式。认知自动化或者说如何对这种模式作出反应，也和认知模式一起被灌输进了大脑中，帮助我们认识到这是一种自己已经学会如何行动的情况，从而做出应对。我的前任经理迈克尔·卡珀森（Michael Caspersen）几乎教会了我关于学习的所有知识，他的博士论文（Caspersen 2007）中包含许多关于大脑的认知模式和认知自动化的例子和参考。

我的博士论文（Cornils 2001）[①]聚焦于软件模式，而且我注意到，我总是能在各种事物中发现模式，这种能力在我们人类中其实并不罕见。

什么是反模式

反模式是描述经验的一种方式。作为一种概念，反模式最初是由威廉·布朗（William J. Brown）与他的合著者在《反模式：危机中软件、

① 细心的读者会发现，我论文上的名字并不是这本书上的名字。这是我第一任丈夫的姓氏，也是我当时的姓氏。顺便说一句，这也是一个反模式：自己的名字，不要轻易改，至少在出版之后不要改。

架构和项目的重构》（1998）中命名并描述的。它是对一个经常发生问题的解决方案的描述，在这个解决方案中，结果大于成效。

本书中的反模式是由于引导师不知道如何做得更好或者没有时间或机会去做正确的事情而造成的。也许这个解决方案曾经对另一个小组的引导师有效，因为小组成员有不一样的沟通方式或是彼此间更为了解，但它在新的背景中却意外地“翻车”了。

我通过给大家举两个反模式的例子来介绍反模式。第一个早期的例子导致了一场举世闻名的大灾难。1912 年 4 月 14 日深夜，皇家邮轮泰坦尼克号撞上了冰山。4 月 15 日凌晨，它沉没了，船上 2224 名乘客和船员中有 1500 多人丧生。要想了解这艘船沉没的原因，就必须研究大量的小细节，这些小细节共同导致了这场灾难。我选择关注的是一种可以称之为“遵从不知情上级的命令”的反模式。如果在维基百科上搜索“上级命令”，会找到以下内容：“上级命令，通常被称为‘纽伦堡抗辩’‘合法命令’‘只是服从命令’或者一个德语短语 Befehl ist Befehl（命令就是命令），是指一个人，不管是军队、执法部门、消防部队的成员或者是平民，在法庭上对服从上级军官或官员命令的行为不被追究罪责的抗辩。”这种反模式已经在许多地方和时间被确认过，而且，也恰好发生在泰坦尼克号的故事里。

泰坦尼克号上的两名无线电台操作员为马可尼无线电报公司工作。接线员的任务是将乘客的信息传递到他们在陆地上的朋友和家人那里，以展示马可尼公司提供的无线通信服务。另外一个因素是，公司会为每一条乘客发出或收到的信息向他们两人付费，因此他们的收入多少是依赖于优先保证乘客的通信，而不是船对船的礼节性通信。几乎从航行一开始，他们就收到了关于冰山的警告，并将大部分信息传递给了驾驶舱。不幸的是，由于无线电操作员专注于执行他们公司的命令，有一些发给泰坦尼克号的信息丢失了。因为他们的上级是无线公司的老板，而不是船长。

这就解释了为什么当天晚上 9 点 40 分，与泰坦尼克号在同一水域航行的梅萨巴号发出了浮冰警告，但这条信息却一直没有被传到驾驶舱。晚上 10 点 55 分，附近的另一艘游轮加利福尼亚人号发来消息，说它被冰层包围后停了下来，但泰坦尼克号上的一位无线电操作员责备加利福尼亚人号打扰到了自己，因为他当时正忙着处理乘客的信息。

结果是，船长没有得到浮冰情况比预期更糟的警告，所以他继续全速航行。船一直沿着预订航线前进，直到晚上 11 点 40 分，当瞭望台发现一座冰山时，驾驶舱的工作人员才开始给泰坦尼克号转向，但由于它是一艘高速航行的巨轮，一切都为时已晚。泰坦尼克号的船舷沿着冰山擦过，船身破裂。我们都知道故事的结局是什么。

通常情况下，一个背景中的模式可能是另一个背景中的反模式。例如，在泰坦尼克号的案例中，无线电操作员有义务服从上级的命令。然而，如果他们知道背景发生了变化，船正面临着紧急情况，他们就不会盲目地服从命令，这样做会构成一种反模式。

随着技术和流程的改变及改进，模式也可能随着时间的推移变成反模式。当一个好的解决方案被一个更好的解决方案取代时，对于一个反复出现的问题，原本的解决方案可能会被视为一个糟糕的解决方案。

第二个例子是微服务模式，它是（Fowler & Lewis 2014）所描述的一种设计，通过这种设计，开发人员创建一组小型服务，每个服务都有自己的功能。在软件架构中，微服务模式被证明是可维护的、灵活的和弹性的，它被誉为是自切片面包[①]（和设计模式）以来最好的东西。该模式促进了可独立部署、可复用组件的开发，使开发人员能够创建使用微服务构建的可扩展系统。这些系统的成功导致了许多单片系统向微服务架构的转变。

之后发生的事情，就是我们在使用模式时可能会遇到的情况：模式

① 译者注：切片面包是美式俚语，形容极好的事物，一般用作对产品、商品、发明等的赞美。

被滥用了。如果组织缺乏维护系统所需的专业知识，缺乏从这种实现中受益的领域或者服务之间的边界定义不明确，那么微服务就可能会产生负面影响。微服务架构演进的方向之一就是复杂性增加，在错误的环境中，系统会变成一个更复杂的庞然大物，而不是一套更小、定义明确的微服务。所有预期的成效（比如可扩展性、独立性和可复用性）都会丢失，如果在错误的背景中使用，微服务模式就会变成反模式。应用模式的背景非常重要，而且总会有一个不适用于该背景的模式解决方案，最终导致反模式。[①]

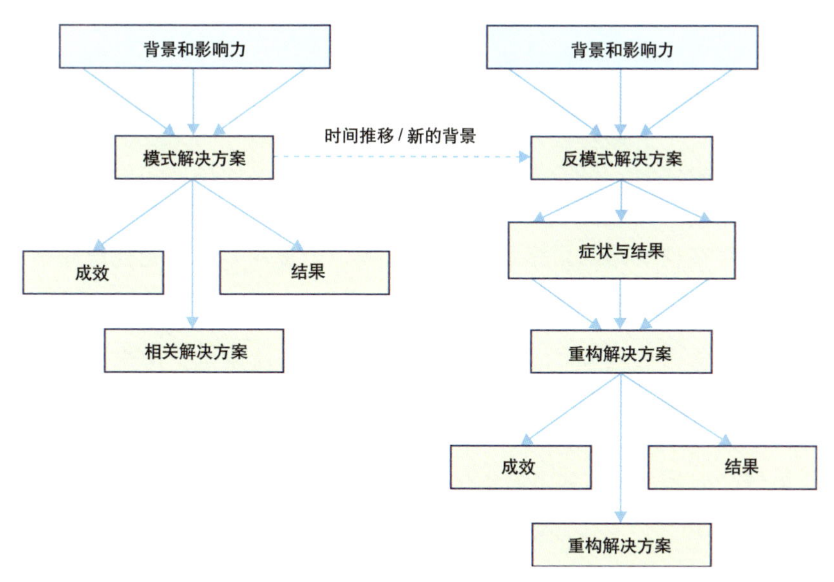

模式在错误的背景中应用就会变成反模式

一个正确描述的反模式包含一个总体描述、一个导致症状的因素及其识别方式列表、原解决方案的结果以及一个重构方案（用来描述如何解决当前问题或者至少如何在下一次做得更好）。

所有的模式都有其结果。在某些情况下，使用特定的模式是一个好办法，而在其他情况下，相同的模式却会成为反模式。当你想要使

① GoF 书中的单例模式是模式过度使用的一个绝妙示例。

用某个模式时，理解背景相关的含义是很重要的。这有助于你了解全貌，包括反模式解决方案的副作用。与模式一样，反模式不是某个人发明的抽象理论，而是他 / 她在经常重复出现的不良解决方案中看到的一系列原因和影响。

你应该读一读这本书，这样当反模式在回顾活动中发生时（甚至可能发生之前），你就能知道如何识别它们。我写《回顾活动引导：24 个反模式与重构实践》这本书的目的就是帮助你避免重蹈我的覆辙。

作为一个有经验的回顾活动引导师，你可能注意到你已经知道了很多这样的模式以及如何处理它们。这本书的另一个优势在于，现在你拥有了一个可以与他人进行讨论的词汇表，而且当你发现自己处于某种反模式时，可能会更容易将其识别出来。如果你和你的同事分享这些模式，它们令人印象深刻的名字可以帮助你意识到你或你的团队是在何时陷入了幸运大转盘（参见第 1 章）或是无视最高指导原则（参见第 2 章）。

最后，你还可以以 Schadenfreude [①]为目的来读这本书，因为当最早的反模式著作《反模式：危机中软件、架构和项目的重构》（Brownet al，1998）出版时，其中一位作者在一次演讲中说：“（自己的）幸福虽好，但是，别人的不幸更佳。”

如何阅读本书

章鱼

你可能想知道章鱼和回顾活动之间有什么关系。简单的答案是，什么关系也没有。但这只是一个简单的答案。

当我了解到章鱼的智力水平后，就对它们产生了浓厚的兴趣：如果

① Schadenfreude 是一个德语单词，意思是从别人的痛苦中获得快乐。

章鱼观察到其他章鱼因为学习技巧而获得奖励，它们也会去学习技巧，甚至不需要自己也得到奖励；它们可以通过一条通向海洋的小管道爬出水族馆；它们能从水族箱里爬出来，趴在地板上，穿过地板，爬上另一张桌子，进入另一个水族箱，吃掉那里面所有的鱼，然后若无其事地回到自己的水族箱。

最让我感到震惊的是，章鱼 60% 的大脑都在它的八条腿上，几乎分成了八个独立的小动物，并且每一个都有自己的意志，却都能与章鱼的其他部分形成一个整体来协同工作，这在动物世界中是独一无二的。我把一个团队与一位引导师在回顾活动中的合作看作一条章鱼：团队和引导师朝着一个共同的目标一起努力，同时又保持个体的独立，有各自的关注点和优势。

本书中对每一个反模式都配有一个插图：一只章鱼抓住了反模式的本质。在“深陷困境”[①]反模式（第 3 章）中，团队虽然协同工作，但还是不堪重负，因为他们试图解决的问题遇到了困难，而他们无力改变，只能接受。在无视最高指导原则反模式中，团队开始指责某一个人，而不是试图找出系统中存在的错误。在失望的引导师反模式中，团队对引导师尝试采用的某项活动报以冷嘲热讽，因为他们认为活动愚蠢可笑。

本书中反模式的文体形式

根据在《反模式》（Brown et al.，1998）一书中找到的反模式文体形式，我决定采用一种特定的形式，使反模式更易于阅读。正如你将在后面章节看到的，这种形式更适合某些反模式，而不是其他反模式。例如，有时候症状很明显，有时则很微妙，值得详细描述。为了简洁起见，我省略了你通常会在模式中看到的关于影响力的部分。在我的文体形式中，我把影响力融入了故事背景和相关的背景

① 译者注：深陷困境反模式的原文是“In the soup”，这个俚语表达的是陷于困境，很难脱困。

解读中。比如，影响力可以是匆忙、渴望被倾听或人员匮乏。

名称：模式的名称很重要，因为名称可以让你扩展关于回顾活动的词汇表，并使你能够与他人就这些模式进行有效的交流。起名字非常有趣，可以包含大量的概念、过程和条件，并以一种简洁的方式组织信息，好让我们的大脑可以快速访问到与这个名字相关的所有元素。

故事背景：本书描述的是一位来自丹麦公司的回顾活动引导师的学习历程。案例和人物将在后面进行介绍，但现在，你只需要知道每一个反模式都包括我们在案例中发现的反模式故事背景描述，这就足够了。

背景解读：这部分将介绍出现这个反模式的场景、对可能导致此问题的原因描述以及使用该反模式解决方案的必要性。这里用一种更通用的方式去描述，所以你可能发现自己会萌发出想要实施反模式解决方案的冲动。

反模式解决方案：这部分解释了根据描述的问题所选择的对策。这个反模式在当时看起来像是一个解决方案，是基于教育、早期经验、时间限制、缺乏勇气或者仅仅是来自上级的命令而制定的。如果不是因为这种背景的负面影响，它可能会是正确的解决方案。如果发现自己可以通过选择反模式解决方案来结束这种情况，你可能会避免我所犯过的许多错误。不要将反模式解决方案与重构解决方案相混淆。

结果：所有的解决方案和决策都有其结果。在最初的关于设计模式的书中（Gamma et al.1995），它们被列为正面和负面的结果，并且根据背景，一种结果可能超过另一种。在反模式中，问题的关键在于反模式解决方案可能会很好地适应某一个背景，但在另一个背景中，负面结果却远大于成效。我通常会说，正是这种结果列表使得模式不同于其他书籍中的那些方法或秘诀。

症状：症状是指示信号，帮助你发现特定回顾活动反模式正在发生。症状可能包括在回顾活动过程之外或在回顾活动过程中听到的评论、观察到的行为、感觉到的情绪等。

重构解决方案：重构解决方案对如何改善当前情况提出建议，从而使你和你的团队获得更多的成效，而不是负面的结果。在一些反模式中，你将了解到，某种情况一旦出现，就不可能再实施重构解决方案，在这些反模式中，你只能意识到下次该如何避免犯同样的错。

线上回顾：在如何克服线上和线下环境中的挑战方面，一些重构解决方案存在着差异。我引导的回顾活动更多是在线上进行，所以我也会分享线上回顾活动引导经验。

个人经历：在这个部分中，我将讲述自己应对反模式的经历。有时，我在它发生的时候就找到了重构它的方法；有时，则是为下一次回顾活动积累了经验教训。

反模式概述

结构反模式

结构反模式描述了回顾活动的结构问题，比如如何选择活动，如何促进交流以及通过改变议程以便在本次回顾活动或下一次回顾活动中解决某些问题。

以下是结构反模式。

1. 幸运大转盘 团队并没有真正解决问题，只是缓解了问题的症状，就在回顾活动中草率地得出结论。引导师应当安排团队成员花时间去寻找症状背后的原因。

2. 无视最高指导原则 团队成员无视最高指导原则——“无论我们

发现了什么，考虑到当时的已知情况、个人的技术水平和能力、可用的资源以及手上的状况，我们理解并坚信：每个人对自己的工作都已全力以赴。”（Kerth 2001）——因为他们认为这一原则很荒谬。引导师需要提醒他们，这种心态很不利与成功的回顾活动引导。

3. 深陷困境 团队成员所讨论的那些事情是他们无力改变的。引导师要帮助他们将精力集中在他们可以改变的事情上，并接受那些他们无法改变的事情。

4. 超时 在回顾活动中，团队因为讨论一个对团队整体而言并非最重要的新产品而偏离了主题。引导师需要帮助团队回到正轨上。

5. 闲聊 团队成员把时间花在小组闲聊上，而不是专注于分享和学习。于是引导师改变了活动，帮助他们再次以团队的形式一起工作。

6. 无效的民主 团队用民主方式来决定应该讨论什么和做什么，这让团队中的少数人感到沮丧。因此引导师需要找到其他的决策方式，让每个人都更加满意。

7. 百尺竿头 团队认为自己已经足够优秀，不需要再进行回顾活动了。引导师要向团队展示，他们可以通过学习不断进步。

8. 政治投票 团队成员为了与投票制度博弈，总要等到最后一刻再投出自己的一票。而引导师需要找到一种让投票制度更加公平的方法。

规划反模式

规划反模式描述了回顾活动的规划问题。你邀请谁来参加回顾活动？谁来协助回顾活动工作？应该在什么时候进行回顾活动？需要为它留出多少时间？当你发现自己正处于一种反模式的规划中时，你就无法改变当前的回顾活动，所以你需要清楚地知道，下一次的规划必须有所不同。

1. 何为团队 团队的边界模糊不清，团队成员需要互相帮助，确定谁应该参加回顾活动。

2. 亲力亲为 引导师身兼数职，这对引导师和参与者来说都不是最理想的情况。因此，团队有时需要找其他引导师来接替。

3. 延期死亡 团队忙于所谓“真正的工作”，以至于回顾活动被一再推迟。引导师应当帮助团队看到回顾活动的真正价值，它们就是“真正的工作”。

4. 草草了事 引导师为了尽可能不让团队“浪费”时间，只好仓促地完成回顾活动。引导师最终拿定主意，要进行一次像样的回顾活动，就必须给讨论留出足够的时间。

5. 忽视准备 引导师最初忽视了线上回顾活动所需要的各项准备工作，但在之后的回顾活动中学会了如何明智地进行准备工作。

6. 窒息的房间 团队成员在回顾活动中会感到疲倦、饥饿和注意力不集中，因此引导师应确保为他们提供食物，让他们呼吸新鲜空气，使他们能够更加专注。

7. 好奇的经理 经理对回顾活动中发生的事情很好奇，想加入进来听一听，而引导师以一种友好而坚定的方式对经理说“不”。

8. 躲猫猫 线上回顾活动中，团队成员不愿意在视频中露脸。引导师需要弄清楚其中的原因，并找到方法让人们更有安全感，才会愿意露出自己的脸。

人员反模式

人员反模式描述了回顾活动中与人员有关的问题。你通常无法预料到这些反模式，因为它们可能会突然出现。对人的了解将帮助你了解这些反模式，而针对这些情况所描述的重构解决方案可以帮助你摆脱或绕过这些反模式。

1. 失望的引导师 团队嘲笑引导师在回顾活动中采用可笑的活动，因此引导师要向成员解释，这些活动的用处和意义是什么。

2. 话痨 某个团队成员全程滔滔不绝，于是，其他人只能闭嘴不言。引导师需要运用各种策略来确保团队其他成员的意见能够得以表达。

3. 沉默者 一个团队成员在回顾活动中几乎完全沉默，引导师需要运用各种策略来确保沉默者也能发表自己的意见。

4. 消极者 某个团队成员的消极态度会对回顾活动产生很大的负面影响，而引导师需要保护其他团队成员不受这种消极影响的干扰。

5. 消极团队 团队只想谈论消极的事情，因为他们认为只有以此为鉴，才能有所进步。引导师应当向他们表明，关注积极的方面也同样具有价值。

6. 缺乏信任 团队成员之间缺乏足够的信任，所以无法在回顾活动中分享任何重要的信息。引导师需要帮助他们建立起这种信任。

7. 文化差异 引导师或团队成员由于自身文化中带来的成见，阻碍了他们去了解其他人是如何经历回顾活动的。引导师应当找到让他们更加一致的方法。

8. 死亡沉默 团队成员完全沉默，这种情况通常发生在线上回顾活动时。尽管成员不愿意参与，但引导师还是应当采用各种策略来听取他们的意见。

致谢

首先，我要感谢我丈夫埃里克·科里（Erik Corry），感谢他对我的信任，让我在没有收入的情况下可以花上几个月的时间专注于写作。除此之外，他还耐心地（基本上）、不止一次地修改我的整部原稿。当然，如果现在书中还有任何错误，那一定是由于宇宙射线击中了我的电脑后造成的，绝不是因为他的疏漏。我要感谢我的三个出色又有趣的孩子，Maja，Sophus 和 Vera，他们承担了很多家务，让我有更多的时间去写作。

我还要感谢 Mai Skou Wihlborg，她把我关在她避暑别墅中的“作家监狱”里，给我提供食物，让我可以专心写作。她还是封底照片的摄影师。

感谢 Kari Rye Schougaard，Simon Hem Pedersen，Henrik Madsen 和 Jakob Roesgaard Færch，他们在本书写作的早期，倾听了我的想法并提出了改进建议。

我还想感谢丹麦奥尔胡斯的 Hos Sofies Forældre 咖啡店，我在这个温暖舒适的店里，一边喝着无咖啡因的卡布奇诺，一边怀着负罪的快感享受美味的汉堡，配着薯条和辣椒蛋黄酱，完成了本书的大部分章节。

感谢 Pearson 出版社的编辑 Greg Doench 和 Menka Mehta，在本书出版的过程中帮助我解决了许多问题。我还要感谢马丁·福勒（Martin Fowler）向 Pearson 出版社引荐我，给我如此好的机会。

我要感谢那些花时间审阅本书并向我提供反馈意见的人，这些意见极大地改进了本书：Gary Harvey，Gregor Hohpe，Henrik Bærbak Christensen，Jimmy Nilsson，Joseph Pelrine，Jutta Eckstein，Karl Krukow，Linda Rising 和 Toby Corballis。在 RFG 2019 上，Therese Hansen 鼓励我与其他参会人员分享我还未完成的书，他们的积极反应让我在 Leanpub 上分享了本书的第一版。

本书插图由 Nikola Kora 绘制，他倾听了我所有的想法后，呈现出来的作品大大超乎了我的想象。

最后，对所有不喜欢回顾活动、试图逃避回顾活动甚至有时会破坏回顾活动的人表示衷心的感谢。没有你们，就不会有这本书。

关于作者

艾诺·凡戈·科里（Aino Vonge Corry）是一位独立咨询顾问，有时也担任敏捷教练。2001 年获得计算机科学（CS）博士学位后，她在接下来的 10 年里，在做学术界的研究员 / 教师还是产业界的教师 / 引导师之间难以抉择。最终，她解决了这个难题，创办了自己的公司 Metadeveloper，通过教授计算机科学来培养开发人员、教授如何进行计算机科学的教育工作、邀请演讲者参加 IT 会议以及以各种方式去引导软件开发。在艾诺（Aino）年轻的时候，本以为自己会成为一名数学教师，但世界用奇特的方式促使她转向了软件行业，从事沟通和引导工作。在过去的 15 年，她在这个领域里犯了所有可能犯的错误。而她愿意分享这些错误的案例以及它们的解决方案，作为对其他想要引导会议的人的警示和指导。

艾诺（Aino）在斯德哥尔摩和剑桥居住过一段时间。现在，她回到丹麦的奥尔胡斯，与家人以及越来越多漂亮的头足类动物生活在一起。

如过想要联系艾诺（Aino），请发送电子邮件至 aino@metadeveloper.com，推特 @apaipi 或访问 metadeveloper.com。

目录

序曲

泰坦尼克软件公司（Titanic Softwære A/S）是我虚构出来的一家丹麦公司。该公司专门从事船舶导航软件的开发。现在它必须做出改变了！客户一直在对软件中的错误抱怨不已，因为这些错误会使他们的船驶向错误的目的地。而且，软件开发的速度也不能令人满意。

首席技术官（CTO）和一些开发人员决定去参加一个软件会议，了解其他公司是如何保持领先地位的。他们发现了一种叫敏捷开发的新方法，这种方法承诺可以加速开发、减少缺陷并使他们的软件与客户的需求更好地保持一致。换句话说，这种新方法能够带给他们想要的一切——财富与快乐。

首席技术官把每个员工都送去参加 Scrum Master 课程。让我们把镜头对准一个由六位成员组成的小团队：Bo、Peter、Rene、Kim、Sarah 与 Andrea。Sarah 以前是项目负责人，她最渴望成为 Scrum Master，因为渴望正是担任这个角色的重要品质之一，所以她被任命为团队的 Scrum Master。

职位名称必须适应敏捷的工作方式。原业务分析师 Peter 成为产品负责人。Sarah 的新角色是 Scrum Master，职责之一是负责确保每天开站会。当每日站会中出现问题而需要与公司其他人进行讨论的时候，Sarah 负责进行安排。此外，作为 Scrum Master，Sarah 担任了会议的引导师，因此她要确保团队有定期的回顾活动。

结构反模式

第 1 章　幸运轮盘 团队并没有真正解决问题，只是减轻了问题的症状，就在回顾活动中草率地得出结论。引导师应当安排团队成员花时间去寻找症状背后的原因。

第 2 章　无视最高指导原则 团队成员无视最高指导原则——“无论我们发现了什么，考虑到当时的已知情况、个人的技术水平和能力、可用的资源以及手上的状况，我们理解并坚信：每个人对自己的工作都已全力以赴。”（Kerth 2001），因为他们认为这一原则很荒谬。引导师需要提醒他们，这种心态对成功的回顾活动是非常不利的。

第 3 章　深陷困境 团队成员所讨论的那些事情是他们无力改变的。引导师要帮助他们将精力集中在他们可以改变的事情上，并接受那些他们无法改变的事情。

第 4 章　超时 在回顾活动中，团队因为讨论一个对团队整体而言并非最重要的新产品而偏离了主题。引导师需要帮助团队回到正轨上。

第 I 部分

第 5 章　闲聊 团队成员把时间花在小组闲聊上，而不是专注于分享和学习。于是，引导师改变了活动，帮助他们再次以团队的形式一起工作。

第 6 章　无效的民主 团队用民主方式来决定应该讨论什么和做什么，这让团队中的少数人感到沮丧。因此，引导师需要找到其他的决策方式，让每个人都更加满意。

第 7 章　百尺竿头 团队认为自己已经足够优秀，不需要再进行回顾活动了。引导师要向团队展示，他们可以通过学习不断进步。

第 8 章　政治投票 团队成员为了与投票制度博弈，总是等到最后一刻再投出自己的一票。引导师需要找到一种方法让投票制度更加公平。

幸运轮盘

……团队并没有真正解决问题，只是缓解了问题的症状，就在回顾活动中草率地得出结论。引导师要安排团队成员花时间去寻找症状背后的原因。

第 1 章

故事背景

在策划第一次回顾活动时，Sarah 发现自己的时间不够用。她需要找到引导回顾活动的方法，而她关于这个方面唯一的知识来源就是 Scrum Master 课程。这门课程涵盖了 Scrum 框架的所有组成部分，但因为其范围太过宽泛，所以限制了专门针对某一个主题的教学时间，包括如何引导回顾活动。Sarah 决定采用“开始 - 停止 - 继续”活动，在这个活动中，团队会对开始做什么、停止做什么以及继续做什么进行头脑风暴。她把这个活动作为回顾活动的核心，在“做出决定”阶段，团队要对三个不同的主题进行投票，确定开始做、停止做和需要继续做下去的事情。

开始 - 停止 - 继续

在这个活动中，引导师事先在活页纸或白板上制作三张海报，一张标有“开始”，一张标有“停止”，一张标有“继续”。团队成员会领到便签和笔。有些人喜欢所有的便签都是同一种颜色；有些人则喜欢用三种不同颜色的便签，比如交通灯的红黄绿色，这样一来，即使把便签从白板上取下来，也不会弄错它对应的是三种选择中的哪一种。引导师也可以要求大家在便签的顶部写上开始、停止或继续。团队成员有 10 分钟的时间在便签上写下他们认为应该开始、停止和继续的内容。然后，他们把便签贴在白板上。接下来，团队必须根据这些内容选择行动点，而具体如何选择在很大程度上取决于引导师、便签上的内容和团队中的成员。

在 Sarah 的第一次回顾活动中，“开始”板上有一张便签，上面写着“增加结对编程时间”。这是一个很容易解决的问题：团队只是制定了一个计划表，要求每个人每天做 3 个小时的结对编程。回顾活动之后每个人都很开心，但是，在下一个冲刺中，他们发现结对编程的时间并没有显著增加。在第一周，Bo 和 Peter 做了一些结对编程，尽管远远没有达到新计划表所要求的 15 小时。Kim 和 Rene 做的结对编程就更少了。双方似乎都不太习惯结对编程，所以谁也不想主动发起。

背景解读

作为一名敏捷回顾活动引导师，有时，你会遇到这样一些人，他们认为回顾活动占用了实际工作的时间。这种观点可能会说服你，为了让每个人都满意，在回顾活动中应该尽可能少花费时间，所以，一个快速的、一次性解决所有问题的活动似乎是最好的办法。

反模式解决方案

举办回顾活动，最简单的方法是贴三张海报，分别标明“停止、开始、继续”。下一步是让团队进行头脑风暴，将想法写在便签上，并把它们贴在相应的海报上。最后一步更简单：团队开始做“开始”海报上列出的项目，停止做“停止”海报上的项目，然后继续做“继续”海报上的项目。回顾活动可以在 15 分钟内完成，团队就能回到他们“真正的”工作中去了。即使你再加上一张“加码”海报，大家也能很快就坐回自己的办公桌前。

但实际上，这种方法并不是开展有效回顾活动的最简单方法。我听说过所谓的“回顾活动”（这里我所说的“回顾活动”这个词比较宽泛），就是团队走进会议室，Scrum Master 或项目负责人询问大家是否需要改变什么，如果没有人开口说话，他们就都回去工作了。

结果

这种反模式解决方案的优势是，它可以非常快速地进行回顾活动，但它的负面结果可能相当严重。有的时候运气好，便签能帮助你发现真正的问题。要想解决这些问题，团队只需将“停止”项目停下来，并做更多“加码”的项目即可。但是，通常情况下，便签描述的仅仅是更深层问题的症状，这些问题需要进行更加根本性的改变，而这样的改变绝不是解决症状所能提供的，因此需要通过消除潜在问题，从一开始就做到防患于未然。

在这个泰坦尼克软件公司的例子中，如果团队没有进行更多结对编程的唯一原因是成员们完全忘记了这件事或是坚持做了一段时间后又半途而废，那么这种反模式就能很好地发挥作用。然而，团队的困难可能会是一个更有趣、也更难解决的问题。

如果在回顾活动中花更多时间去探索问题的根源，他们可能会发现团队没有进行更多结对编程的真正原因。比如，也许开发人员不认为这样做有什么好处，也从来没有人问过他们是否愿意进行结对编程；或者也许他们认可结对编程的好处，但他们中的大多数人都很内向，因此在与同事分享信息之前，自己需要先花几个小时来思考；还有一个原因可能是团队成员不知道如何进行结对编程，所以他们在真正开始之前需要学习如何正确地进行结对编程。在我们这个小团队里，Rene 有点消极，喜欢夸夸其谈，而 Kim 是一个沉默寡言的人，也可能是缺乏心理安全感。这些问题都不是仅仅通过强迫人们一起工作就可以解决的。

症状

如果你开始听到这样的谈论：“为什么我们总是在回顾活动中讨论这个问题？”或是“回顾活动根本不起作用，除了写问题的便签颜色之外，什么都没有改变。”你就应该当心，自己可能处在“幸运轮盘”反模式中。

就像现实世界的幸运轮盘一样，一旦转动轮盘，有时会获得成功，轮盘正好停在实际问题上，而不是问题的症状上。但是，这种情况发生的几率差不多与你在集市上转幸运轮盘获胜的几率一样低。因此，这种反模式的另一个症状是，在回顾活动中听到大家反复讨论同样的问题，原因很简单，那就是问题从来没有得到真正的解决，只是在症状上贴了一个创可贴而已。

重构解决方案

直接从问题得出解决方案是很诱人的，而且大多数开发人员都接受过这样的培训。不幸的是，由于在回顾活动中出现的问题有时不能被立即理解，所以你需要在开始研究解决方案之前先检查它们。在收集数据之后，你需要查看问题背后的原因。这就是前言中所说的“生成洞见”阶段，这个阶段是不能跳过的。

在这个阶段可以采用一些活动。一个简单的活动是询问便签背后的故事，以便了解导致这个问题的原因。其他还有鱼骨图和5个“如何”活动。图1.1所示为鱼骨图。

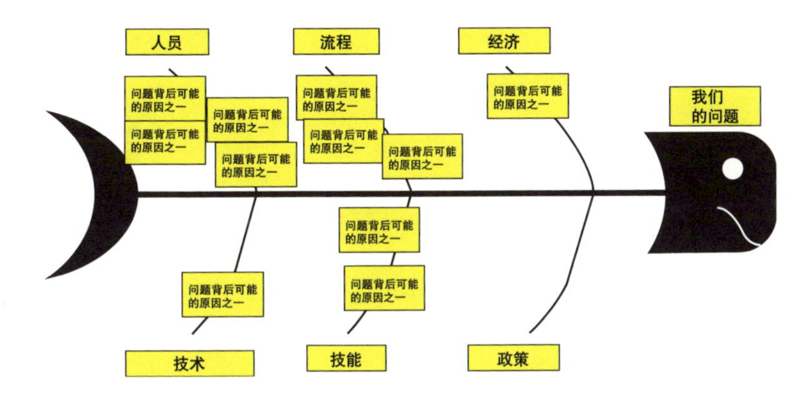

图1.1
通过鱼骨图发现若干原因

鱼骨图

鱼骨图是一种根因分析活动，引导师以不同的主题画出一个鱼骨架，比如人员、流程、经济和技术，将问题背后的不同类型原因作为鱼骨进行可视化。然后，引导师要求团队成员将他们所能想到的不同原因写在便签上，并把它们贴在鱼骨上。最终会在一条鱼骨上显示出许多不同的想法，回到可能导致问题的原因。也许你会发现，大多数的想法都集中在一个特定的类别中，比如流程或技术，这就提供了下一步工作切入点的输入。这种技巧通常用于回顾活动的“生成洞见”阶段。它也称为“石川图分析法”[①]。

以前，我使用过一个叫“5个为什么”的活动来进行原因分析，但由于我从John Allspaw（2014）那里获得的洞见，我现在改为使用5个“如何”。

① https://en.wikipedia.org/wiki/Ishikawa_diagram

5个“如何”

5个“如何”是一种刨根问底、反复询问的技巧，用于探索特定问题背后的因果关系。该技巧的主要目标是反复询问：“这是如何发生的？”以此来确定缺陷或是问题的根本原因。每一个答案都是下一个问题的基础。名称中的“5”来自于行业中对解决问题所需迭代次数的说法。

很少有问题只有一个根本原因。为了发现多个根本原因，可以重复使用这个方法，每次提问的顺序可以不同。

不过，关于探究哪些问题以及需要用多长时间继续寻找其他根本原因，该方法没有做硬性规定。因此，即使严格遵循该方法，结果仍然取决于相关人员对知识的理解和对问题追根溯源的坚持。

Allspaw（2014）解释说，问“为什么”，会使得人们试图为问题找到一个原因，甚至可能导致相互指责；而问“如何”，则可能获得一段叙述，包括若干个原因。把它变成一个指责游戏显然是不可取的，更何况想要在一个像软件开发和团队协作这样复杂的系统中寻找出一个原因，这几乎是一种近乎于轻信的过分乐观了。你甚至可以在个人层面上尝试这样做：下一次当事情没有按照自己的预期发展时，试着问问自己“如何会这样”，而不是“为什么会这样”。

在“生成洞见”这个环节，需要团队对所有便签上的内容进行深挖，找到内容背后真实的故事以及其暴露出来的真正原因。

正如《参与式决策引导师指南》（2007）中描述的那样，每一次会议——包括回顾活动，都有一个发散与收敛的生命周期（图1.2）。我们希望，一开始就能将会议目的以及期望达成的结果统一在一个较小的共识范围内；或者至少，应该对会议的主题达成一致。然后我们就进入了发散阶段，在这个阶段，讨论会出现分歧与意见冲突；接下来会是讨论区，大家进一步讨论问题，不是为了寻求意见的一致，而是为了更多地了解这个话题；在讨论了一段时间之后，会议需要进入收敛阶段，我们要努力缩小范围并/或达成共识。如果团队不能达成一致意见，至少可以接受分歧，并确立接受分歧的条件和理由。

首先，要就主题达成一致意见，类似于回顾活动的“设置场景”阶段。回顾活动的发散部分是“收集数据”和“生成洞见”阶段。回顾活动的这一部分并不简单，而且是非常重要的一部分。讨论区可以与“生成洞见”阶段的最后一部分以及“做出决定”阶段的开始部分相联系起来。收敛是“做出决定”阶段的关键，当你在回顾活动的最后做出决定时，就是“结束回顾活动”阶段了。一定要确保回顾活动的五个阶段都逐一完成，并生成深刻的洞见，而不是为了尽快地进入正题就草率地得出结论，从而过早地完成收敛。

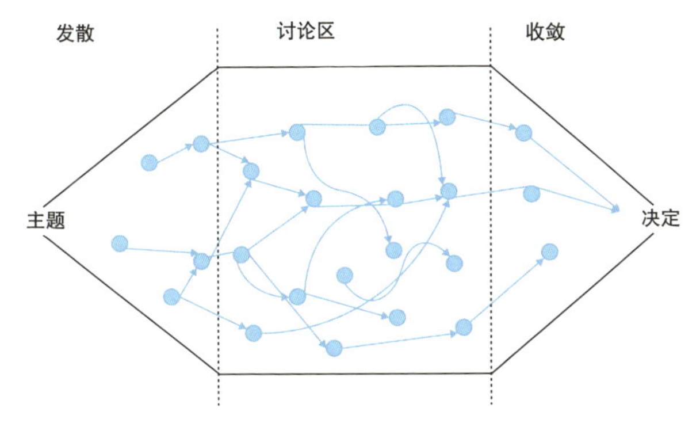

图 1.2
会议中的发散与收敛

线上回顾

如果回顾活动是在线上进行的，可以使用在线上工具敦促团队加入，并要求他们在进入“解决问题”环节之前，先在“生成洞见”环节达成统一。如果创建了自己的线上文档，就可以随时直观地了解自己处在回顾活动的哪个阶段。我经常使用谷歌绘图将“生成洞见”阶段图表化，并将非洞见部分的“建议框”划掉。通过这种方式，团队成员就会非常直观地知道，在进入“做出决定”阶段之前，不要随便给便签添加实践建议（参见图 1.3）。

还可以通过在每个阶段戴上不同的帽子来可视化回顾活动的不同阶段。如果大家还是急于下结论，你可以指着自己的帽子，微笑示意。

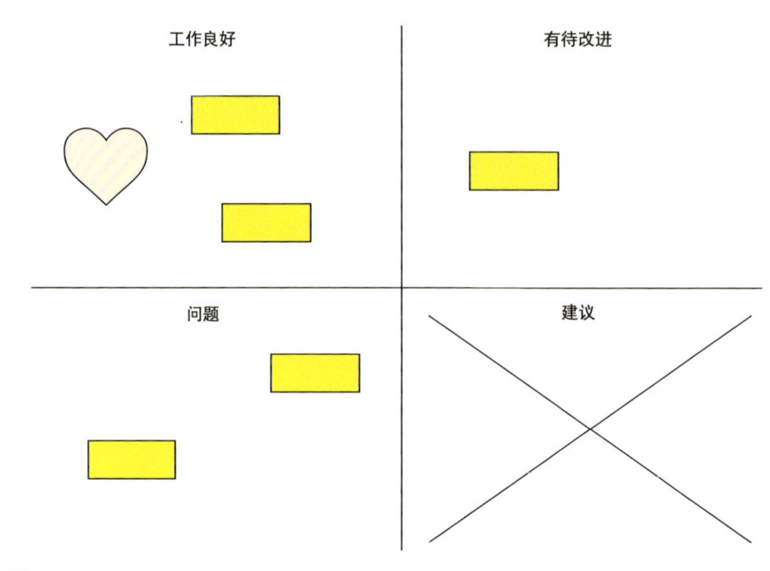

图 1.3
建议框被划掉的线上回顾活动文档

个人经历

我曾经为一个团队做过回顾活动引导，他们所在的丹麦公司被国外一个大型组织收购了。这家公司有自己惯用的工作方式。不幸的是，新的组织决定把原来的公司划分为三个团队。在被收购后不久的一次回顾活动中，有一件事情被提上了议事日程，“减少孤岛式工作”。我们都明白这句话的意思：团队成员希望能一起工作，而不是分成三个独立的团队，在互不相助的的情况下并行工作。

既然了解了这个问题，我们在没有进行太多讨论的情况下，就在那次回顾活动中将其确定为行动点。然后，它又出现在下一次的回顾活动中以及再下一次的回顾活动中。最后，我们决定先弄清楚造成孤岛化的原因。原来，是组织为每个团队制定的关键业绩指标阻碍了合作。由于每个团队都有自己的目标，这就变成了一场“零和游戏”，即一个团队的胜利必须建立在另一个团队的失败上。另外，各团队的计划会议也是与新组织中的不同人员一起进行的。如果能从一开始就能弄清楚，这个问题到底是他们可以改变的，还是他们必须学会接受的，事情就简单多了。（参见第 3 章 “深陷困境”）

再说一个完全不同的问题：我主要是与 IT 人员一起工作，经常发现很难让他们留在开放式的讨论中或者说讨论区。在我允许他们仓促进入解决方案阶段之前，让他们保持选择的开放性简直就像要他们突破某种生理极限一般困难。不过，根据我的经验，花在公开讨论阶段的所有时间都是非常值得的。新的洞见和想法往往就是在这个时机迸发的。作为复杂性理论的一部分，大卫•斯诺登（Dave Snowden）经常撰写关于过早收敛的文章，他描述了那些我们有可能会错过的重要方面：“保持事物的开放性，让它们分解成更细粒度的对象，然后看到它们重新组合并共同进化（Snowden 2015）。”

当我拥有相当丰富的 IT 团队经验后，我受邀前往艺术博物馆，为他们的工作人员主持一个创新工作坊。在那里发生的一切让我措手不及；引导他们进入开放阶段非常容易，在这个阶段，一切皆有可能，而且他们也并未拘泥于某个解决方案或路径上。我觉得一切都进行得很顺利，我很好地将他们带入了这种工作方式。

但接下来，我遇到了麻烦。我试图让他们做出决定、减少想法、移除过多可能性，但这几乎是不可能的。我发现每当自己跑到一个小组并把某些便签撕下来再转身走向另一个小组时，这些便签又被他们重新贴了回去。

当我听到有人说“我们其实应该有一个艺术博物馆吧？”的时候，我不由得感到一丝恐慌，因为我们在这里只是为了一款应用进行头脑风暴，而不是讨论我们是否需要一个艺术博物馆。我必须适应这个新的人群，而且必须尽可能快地适应。

对我来说，这种情况简直就是在与另外一个不同的物种合作。对待他们，我必须比之前我合作过的其他小组更直接，目的性更强，我必须花费更多的精力使这个团队进入会议的最后阶段并达成某种共识。最终，我们成功地就下一阶段的重点达成了一致，前提是我承诺将其他的想法留到将来再进行讨论。有意思的是，这种行为或思维模式具有相当深的文化底蕴。这一点在第 23 章“文化差异”中也会有介绍。而在另外一些文化中，处理冲突或意见分歧是应该尽量避免的。来自这样一种文化的人（可能来自某个特定的国家、公司或团队）会尽快寻求共识，由此可能失去在互动中产生新想法的机会。

无视最高指导原则

……团队成员无视最高指导原则"无论我们发现了什么，考虑到当时的已知情况、个人的技术水平和能力、可用的资源以及手上的状况，我们理解并坚信：每个人对自己的工作都已全力以赴。"（Kerth 2001），因为他们认为这一原则很荒谬。引导师需要提醒他们，这种心态对成功的回顾活动非常不利。

第2章

故事背景

为了下一次回顾活动，Sarah 做足了功课。她不仅阅读了《敏捷回顾活动：团队从优秀到卓越之道》（Larsen & Derby 2006），还读了《项目回顾活动：项目组评议手册》（Kerth 2001）。她发现，在计划和引导回顾活动时需要考虑很多问题，但幸运的是，Larsen 和 Derby 的书为整个回顾活动的议程提供了很好的建议，使计划变得更加容易。

精心策划的回顾活动就在眼前，Sarah 既兴奋又有点担心。她最担心的是如何向开发人员介绍诺姆•柯思（Norm Kerth）的最高指导原则，因为她认为他们会觉得这个原则很可笑。最后，她决定放弃。

最高指导原则

无论我们发现了什么，考虑到当时的已知情况、个人的技术水平和能力、可用的资源以及手上的状况，我们理解并坚信：每个人对自己的工作都已全力以赴。

——诺姆•柯思（Norm Kerth）

最后一个冲刺就像一场灾难：每个人都在加班，而且没有人对结果感到满意。嗯，应该说几乎每个人都在加班，因为 Peter 并没有。他每天按时回家；他以为没有人注意到自己偷偷溜出去，而且早上很晚才到办公室。在饮水机旁和角落里，人们已经开始对此有些抱怨。于是大家暗自决定，在回顾活动中解决 Peter 对团队缺乏责任感的问题。只有 Sarah 和 Peter 两个人对这个计划一无所知。

在回顾活动会上，他们查看了数据（回归测试和演示时用户的反馈），他们在时间轴上贴了便签来分享自己的经验。很明显，Peter 要为整个团队获得的负面反馈负责。白板上的便签上全都写着他的名字，Peter 变得比平时更加沉默。由于有如此多的便签，Sarah 决定自己来把它们全部读出来，因为她担心如果让所有的人都来读一段的话，需要花很长的时间。但 Sarah 这样做其实还有另外一个原因：当她大声读的时候，她会尽量避免读那些写着 Peter 名字的便签。然而，每个人都已经看到了那些纸条，所以 Sarah 试图保护 Peter 的努力基本上是徒劳的。Peter 在完全沉默的状态下离开了回顾活动，其他的团队成员都有些不知所措。他们曾经希望 Peter 会向他们道歉或解释自己的行为，但他们从来没有真正让他有机会参与讨论。

时间轴

在这个活动中，引导师会在回顾活动室的墙上预先准备一条时间轴。可以在便签上写上日期或事件，并将它们排成一行；也可以在大的白板上实际画一条线，并加上开始和结束的日期。然后要求团队成员认真回想这段时间，从开始直到结束。他们会得到不同颜色的便签，红色代表消耗他们能量的事件（让他们悲伤/难过/气愤），绿色代表赋予他们能量的事件（让他们开心/放松），黄色代表让他们困惑的事件、问题或者既是好事也是坏事的事件。

然后，团队和引导师查看白板和上面各种颜色的便签，并决定开始讨论哪一部分。关于这个讨论为什么非常重要的说明，请参见第 1 章“幸运轮盘”。我们之所以使用时间轴，是因为有些人觉得这样的框架更简单易懂，而且便于将一个冲刺或整个项目开发阶段看作是一个整体，用不同的颜色来表示不同时间点的情绪/能量。

有时，这种反模式的出现是另一个反模式的症状：缺乏信任（参见第 22 章）。在这些情况下，问题要比对最高指导原则的无视更加深层次，无法仅仅通过强调柯思的至理名言来解决。在无视最高指导原则反模式解决方案中，真正的问题是缺乏信任，这使得 Peter 不可能和别人分享他正在经受的事情，也不可能让其他人相信 Peter 在他所处的情况下已经尽了最大的努力。

背景解读

柯思是第一个涉足回顾活动专题的作者，最初，回顾活动被称为“事后分析总结（postmortem，复盘）”，后来，创造了“回顾活动”这个术语。他写的最高指导原则一直是 IT 社区讨论的中心：

无论我们发现了什么，我们真的能理解并坚信：每个人对自己的工作都已全力以赴了吗？即使我们考虑到当时的已知情况、个人的技术水平和能力、可用的资源以及手头的状况？

在一个项目结束的时候，每个人都比开始的时候了解得更多。很自然，我们会回顾活动那些决定和行动，希望能够重新再来一次。这是一种值得赞颂的智慧，但不是用来评判和羞辱他人的。遵循最高指导原则，是因为我们希望在回顾活动时消除确认偏误[①]。如果我们对信息进行过滤，只接受支持我们先入为主的观点的数据，我们就失去了学习的机会。

问题是，真正去遵循这个指示会让人感到十分棘手，因为当你明知其他人在偷懒或懈怠时，你很难真心实意地相信他们已经竭尽全力了。我们发现这种困难的原因之一可以用《直觉心理学家及其缺点：归因过程中的失真》（Ross 1977）中描述的基本归因错误来解释。这种错误解释了我们如何将他人行为中的缺陷归因于内在特征，比如懒惰和愚蠢等等，而不是将其归因于这个人所处的环境。举个例子，如果你开会迟到了，你可能会把迟到的原因归结为送孩子上学或是公交车迟到；但如果是别人开会迟到，根据基本归因错误，你可能会翻个白眼，认为他 / 她是一个不负责任的人。

在 IT 行业，也是我工作时间最长的行业，人们更多地关注产品缺陷（bug）和糟糕的工作（将遗留的 bug 和糟糕的编程带到未来的迭代中）。也许这种对消极因素的关注来源于使用计算机时对精确性的需求或者这种需求又吸引了完美主义者加入 IT 行业。对我们所做的大多数事情来说，完美主义可能都是一件好事，但当我们试图了解事情发生的原因并找到问题的合理解决方案时，完美主义就毫无用处了。

反模式解决方案

忘记最高指导原则吧。对一群逻辑性很强的程序员来说，这个原则太感情用事了。就这么简单，无视它！或者带着嘲讽的微笑吟诵它，

① 译者注：确认偏误是指人们会倾向于寻找能支持自己观点的证据，对支持自己观点的信息更加关注或者把已有的信息解释为足以支持自己观点的证据。

暗示所有人都忘掉它。然后回顾活动继续，收集数据。

结果

现在，你的回顾活动会像其他任何回顾活动一样；而我们，就和大多数人一样，只对寻找替罪羊感兴趣，以便把责任从自己身上甩开。找替罪羊是一种常见的问题无效解决方案，你可能在童年时就经历过这样的情景，你的父母问你和你的兄弟姐妹，“是谁先动手的？”或者“是谁打破了花瓶？”

结果可能是，参与者把他们所有的假设和消极预期带到回顾活动中，而不是期待有机会分享和学习。他们不会真正听取别人的意见，因为他们已经想好该责怪谁了。回顾活动也就很容易变成一个指责与羞辱的会议，被指责的人害怕分享，最终拒绝参加回顾活动，因为这样的活动变得太让人痛苦了。

症状

当出现问题时，团队成员会害怕参加回顾活动。他们不再渴望通过学习变得更明智，而是害怕回顾活动中可能发生的事情。人们带着戒备的情绪来到回顾活动现场，用愤怒的反驳来应对他们预料中的攻击，不愿意共同探讨问题。

重构解决方案

把指导原则带到每次回顾活动中，并用它来启动回顾活动。我发现有些团队不喜欢最高指导原则的用语，在这种情况下，我会重新措辞，但保持其核心理念不变，即我们应该在系统中寻找问题，而不是在人身上。有一个方法可以把最高指导原则植入每个人的脑中：在会议前发一封电子邮件，阐明这种假设，回顾活动是基于每个人都在当时的情况下尽了自己最大努力，团队成员有义务尊重这一假设。

试一试这个方法，你很可能可以在团队成员之间成功地奠定互相信任的基础。

最高指导原则应该被视为一种思考我们对他人的假设与期望的方式，一种参加回顾活动时应当进入的心态。进行回顾活动是需要团队共同参与的，所以应当把每个人都看作是团队的一部分或者是一个系统的一部分，然后找到改进这个系统的方法。如果一开始就认为他们是故意没有做到最好，那么回顾活动就不可能有结果。

记得在电影《星球大战》中，卢克说他不相信自己能用原力把宇宙飞船从沼泽里抬出来，尤达大师对卢克说："这正是你失败的原因。"经过一段时间的努力，尤达成功地让卢克能够在面对问题的时候拥有正确的心态。

如果我们的丹麦团队在参加回顾活动时考虑到最高指导原则，他们可能会了解到 Peter 的妻子患了绝症，这正是他在工作中没有尽责的原因。如果 Peter 在回顾活动中感到安全且安心的话，也许他会愿意分享这个情况。然后，团队可能会找到 Peter 可以和其他人合作的一些工作或者在一段时间内少给他安排一些工作，让他能够想清楚，当他经历人生中这段非常困难和痛苦的阶段时，他在情感和经济上会发生哪些巨大的变化。

也有可能 Peter 不习惯在回顾活动中分享个人信息及其影响，他需要一个更私密的环境来分享这些。在任何情况下，如果团队把注意力集中在最高指导原则所提出的那种心态上，并接受 Peter 不是责任所在、承认团队合作与沟通的方式存在问题，将会得到一个更有可能的、积极的结果。

线上回顾

如果回顾活动是在线上进行的，可以将最高指导原则作为附件添加到日历邀请函的电子邮件中。也可以把最高指导原则贴在你身后的海报上，不断地加以提醒。还可以直接给自己认为没有遵守指导原则的人发信息，提醒他们注意，让他们在不至于其他人面前难堪。

个人经历

许多年前，在一次不是由我、而是由我的团队所引导的回顾活动中，发生了一件非常令人难过的事情。在收集数据过程中，有一个人的名字被单独挑出来贴在白板上，并附上了一些负面的评论。引导师并没有加以制止，很快，就有一大堆关于这个人的便签贴满了白板。毋庸置疑，这种经历让当事人非常不愉快，但这其实是一种每个人都厌恶的行为，而且严重影响了我们的协作。接下来，引导师允许我们开始讨论白板上不同的便签、它们的含义以及它们背后的故事。

这个人开始为自己辩护，但最后，他冲出了会议室。这到底是什么原因呢？对此，我们一无所知，也不知道可以共同做些什么来帮助这个人，甚至还学不会如何绕开这个问题。我们花在这次回顾活动上的时间不仅仅是完全的浪费，还给我们带来了永久性的心理阴影。

而在另一次，我目睹了一个刚加入团队的年轻人的感人故事。从回顾活动一开始，我就能看出他对某件事感到非常内疚。原来，他认为自己在系统前端的工作做得非常糟糕，花费了太长的时间，还犯了一些错误。

但当团队其他成员意识到他的感受后，他们转向他，并给予了他一场不折不扣的情感风暴。他们让他知道，毫无疑问他需要更多时间来了解这个系统。他们还告诉他，也正是由于他的经历，团队才了解到系统的哪些部分需要更多的文档，甚至有些部分需要重写。那个年轻人非常高兴，如释重负。这一幕也让我热泪盈眶！

深陷困境

……团队成员所讨论的那些事情是他们无力改变的。引导师要帮助他们将精力集中在他们可以改变的事情上，并接受那些他们无法改变的事情。

第3章

故事背景

现在团队对回顾活动已经非常适应了，Sarah 也为这一进展感到高兴。他们已经进行了多次讨论和许多实践，并且团队可以看到合作、代码质量以及整体幸福感都随着时间的推移而不断增加。在最后两次回顾活动中，唉，团队最终选择讨论缺失的测试框架。当他们投票时，这个问题总被认为是待解决问题中最重要的一个。

不幸的是，这些讨论总是得出同样的结论：管理层就像吝啬的史高治叔叔[①]。团队最终讨论了价格、可能性、技术和管理，但是，他们在解决方案上没有取得任何进展。Sarah 知道缺失的测试框架很可能还会成为下一次回顾活动的主题。在这个问题上，她和其他团队成员一样沮丧。

点数投票

点数投票，也称为“点数民主”（dotmocracy），是一种用来对不同的主题进行投票的方法，以便快速决定讨论什么或做什么。主题写在便签上，团队成员用点贴或马克笔进行投票。人们可以投的票数有限，投票结束后，得票最多的一个或多个主题即为“赢家”。

这种方法可能会出现一些问题；这些问题将在第 6 章“无效的民主”和第 8 章“政治投票”中进行描述。由于这些反模式中所描述的原因，一些引导师已经停止使用点数投票。

背景解读

通常情况下，在第一轮回顾活动中解决了小问题之后，团队会遇到一个真正的障碍，一个超出他们权力范围的问题。他们可能一开始并没有意识到这个问题不在他们的控制范围内，于是很高兴地花了几个小时去讨论他们无权实施的解决方案。然而，在几次回顾活动之后，讨论变得更加令人沮丧了。

① 译者注：迪士尼动画形象，唐老鸭的叔叔，Scrooge 一词在英语中亦有吝啬的意思。

反模式解决方案

一个需要管理层批准 / 行动的主题可能成为许多让人灰心泄气的回顾活动的起点，因为团队无法解决这个问题。回顾活动变成了土拨鼠之日[①]，每次会议似乎都是从不同的角度讨论同样一个问题。

反模式解决方案仅仅要求你照搬最初作为回顾活动引导师所学到的方法：让团队来决定最大的障碍是什么，并让他们就此展开讨论以寻找解决方案。这看起来似乎是一个正确的决定，因为回顾活动就是关于反思以及团队自己去寻找最佳解决方案，但在某些情况下，它可能导致下面所描述的负面结果。

结果

当团队遇到他们无法改变的情况时，有时是因为他们缺乏技能去实施相应的改变，但更多时候是因为他们没有权。回顾活动如果用来寻找团队没有能力采取行动的解决方案，就注定不会有结果。此外，团队成员通常会因此对回顾活动形成一种消极的看法，认为它们是对时间的无效利用。

当然，有的时候，团队想要的与管理层想要的非常一致，但是，在其他更多时候，管理层会有不同的优先级排序，于是一切还是老调重弹。回顾活动就会沦为抱怨大会，成为时间上的巨大浪费。

症状

你会听到人们这样议论：“我们想在真正重要的事情上下功夫，而不仅仅是该买哪一种咖啡这样的琐事”或是“我们总是在同一件事上讨论个没完。”

---

① 指的是同名电影《土拨鼠之日》，男主角注定要一次又一次地经历相同的一天，直到他学会成为一个更好的人。

重构解决方案

收集完“问题”后，在白板上画两个圆圈，如图 3.1 所示。最内层的圆圈包含团队可以控制的问题，他们期待有能力改变的问题（例如，“开始进行代码审查”或“改变站会的地点”）。外层的圆圈中，包含的是团队具有一定影响力的问题，针对的是团队不能直接改变，但可以采取说服行动的问题。

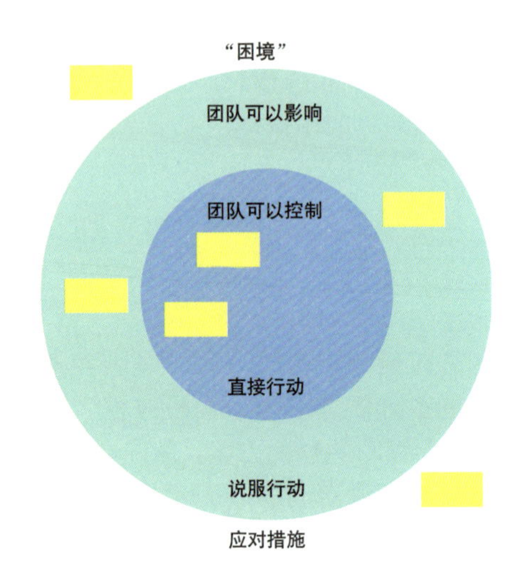

图 3.1
圆圈与困境活动

外圈的典型问题包括管理层要求团队启动新项目的方式或者团队如何与另一个团队合作，这些问题以这样或那样的方式与团队直接相关，但问题涉及到的人并不参加回顾活动。

圆圈外面的空间是无穷无尽的，所以不必使用第三个圆圈。如图 3-2 所示，这个空间包含了所有的问题。这些问题是环境的一部分，是“现状”或者说是困境。这些问题会影响到团队，但团队却无法对其施加影响，例如，公司正在亏损而不得不裁员。这个空间里的其他问题可能是办公室的地理位置或是公司里某个人的性格。

这个活动称为“圆圈与困境”（Larsen & Derby 2006），此外，也被称为“影响圈”。这个活动的使用方式很像宁静祷文：“上帝，请赐我宁静，去接受我不能改变的一切；赐我勇气，去改变我所能改变的一切；并赐我智慧，去分辨两者的不同。”[①]

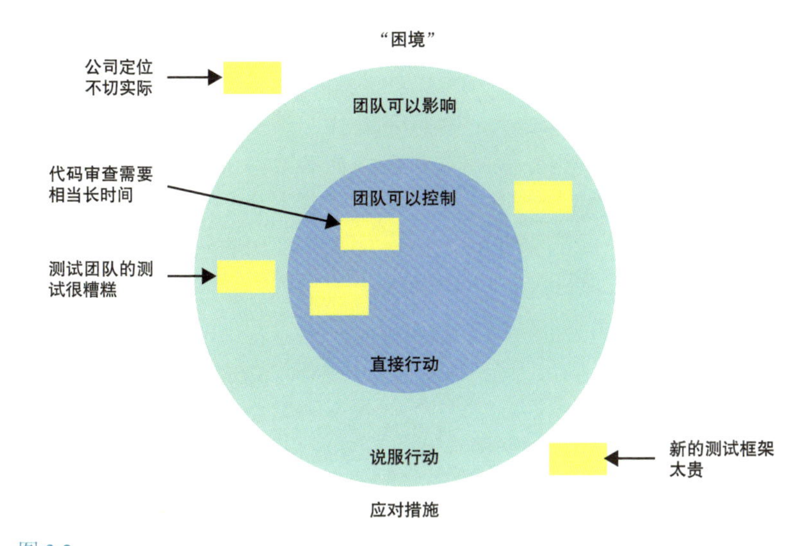

图 3.2
“收集数据”阶段的圆圈与困境活动

圆圈与困境活动之所以卓有成效，是因为它促使团队对他们想要解决的问题以及他们解决这些问题的能力范围有了现实的认识。当他们检查那些看似超出自己控制范围的“麻烦”问题的原因时，有时会发现这些问题可以被移到影响圈，甚至进入控制圈。例如，也许团队希望与印度的测试人员坐得更近以便沟通，但通过 5 个如何或鱼骨图等原因分析活动表明，需要更多沟通的真正原因是最初的沟通不足或者是因为从测试人员那里接收的文档被误解了。于是，现在它突然成了一个团队可以对其采取行动的问题。

如图 3.3 所示，对于仍然存在的问题，有时候邀请另一个团队的成员或经理参加回顾活动可能有所助益。然而，正如第 15 章“好奇的经理”所讨论的，“局外人”也可能会阻碍团队成员的参与。总的来说，我的观点是，你邀请参加回顾活动的人，应该仅限核心团队的人员。但是，如果圆圈与困境活动的结果表明，让团队之外的人参加回顾活动可以对一些重要问题的解决有所帮助，我就会询问团队是否反对邀请这个人参加下一次的回顾活动。这一点适用于经理以及其他团队成员。

① 这个祈祷文通常认为是哲学家尼布尔（Reinhold Niebuhr）所作，但他承认自己可能并非原创。

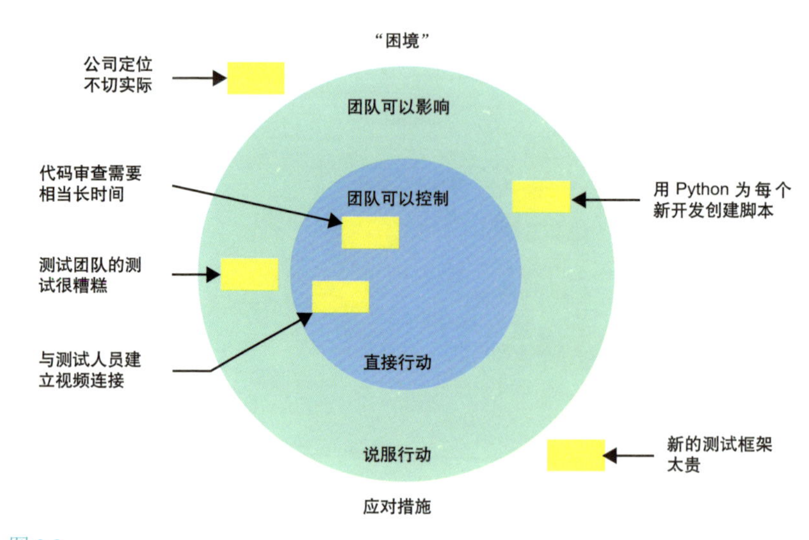

图 3.3
“做出决定”阶段中的困境

如果由于地理原因，无法让其他人来到现场，你必须安排一次线上回顾活动。然而，一套全新的回顾活动反模式正等待着你（例如，参见第 16 章“躲猫猫”以及第 24 章“死亡沉默”）。

避免总是讨论相同问题的另一种解决方案是，在投票过程中严格把关，例如，只允许对来自外部圆圈（困境）的一个主题投一票，这样可以将注意力集中在团队实际可以采取某些行动的问题上。

另一种选择是，可以询问团队如何使困境中的问题变得更糟。如果他们能够让情况变得更糟，就也能够让情况变得更好，这表明他们拥有一定的影响力。这种方法被称为“矛盾干预”，常用于治疗和指导，使人们意识到自己的自由意志。它通常被认为是逆向心理学，但逆向心理学是用来操纵人们去做操纵者想要他们做的事情（通过提出相反的建议），而矛盾干预的目的是通过让人们意识到自己在特定情境中的力量，来支持他们做出选择的能力。

在我的计算机科学教学中，当学生们不知道作业该怎么做的时候，我有时就会使用这种方法，询问他们什么是绝对不应该做的。然后我们就可以从那一点开始讨论，因为当他们知道什么是不可行的，他们就可以朝着可行的方向前进。这样做可以把他们的大脑从僵局中解放出来。

线上活动

如果是线上回顾活动，在白板上做圆圈与困境活动是不现实的。我经常用图表来准备活动，并给大家发一个链接。然后，可以将所有虚拟的便签复制到这个图中，并将其分为若干部分或者可以在圆圈与困境的图中添加一张纸条，代表每个小组的便签。

个人经历

在某个团队中，测试是一个大问题。团队希望对整个系统进行自动化测试，他们想要购买比 Cucumber 更酷的测试软件或者指派一个人专门来操作 Jenkins。但管理层不认为花钱买新软件有什么意义，于是在每次回顾活动中，团队至少要花 5 分钟来讨论这个问题。现在，大家对这个问题还是很有兴趣，但如果对事情的解决无能为力的话，不如想想如何花点时间学会接受这个事实。

一旦我们尝试了圆圈与困境练习，团队就会发现这确实是一个问题，但是，最好把它视为残酷的现实淡然接受，然后把时间花在讨论替代解决方案上。团队邀请经理参加回顾活动，试图让管理层了解测试是一个多么重要的问题以及它对敏捷性、开发速度和上市时间有什么影响。不幸的是，经理并没有充分理解这个问题，于是团队决定学着接受它。

最后，团队成员决定，他们可以用 Python 逐步构建自己的测试，并确保测试完全正确，这样他们就不必再担心修改代码了。这样的做法根本无须通过管理层批准他们在测试框架上花费更多的钱。毫无疑问，他们的额外工作也是有成本的，但这个成本可以瞒着管理层。

当然，这整个问题是一个更严重的问题的症状：团队与管理层的关系不佳。这种关系本来可以通过团队和管理层之间更好的沟通、理解和尊重来改善。在一个理想的世界里，团队不会觉得有必要为了把工作做到最好而向管理层隐瞒任何事情，但有的时候世界并不是理想的，我们只能对症下药、因势利导。

超时

……在回顾活动中，团队因为讨论一个对团队整体而言并非最重要的新产品而偏离了主题。引导师需要帮助团队回到正轨上。

第 4 章

故事背景

在接下来的回顾活动中，出现了一个让人意想不到的情况。Andrea 听说他们的顶头上司 Nancy 决定离开公司。这对团队来说是一个巨大的打击，因为尽管 Nancy 当老板还不到一年，但团队对她非常满意。与前任老板 Anna 不同，Nancy 特别愿意倾听团队的意见，关注每一个求助于她的问题，并全心全意地给予帮助。

团队成员觉得 Nancy 理解他们，关心他们。她经常通过一些举动来表达自己对他们的关怀，比如在员工会议上带去自制的蛋糕，记住每个人的生日等。因此，团队听到她要离开的消息，难免感到难过和不舍。但 Rene 是个例外，他有点喜欢前任老板那种直截了当、近乎苛刻的风格。团队花了很多时间讨论 Nancy 的离开，Sarah 觉得，他们确实需要作为一个团队一起来处理这个情况。

由于 Sarah 是团队的一员，这也可能是亲力亲为反模式的案例之一（参见第 10 章），即引导师也是团队运作的一部分。但在初步讨论之后，Sarah 决定继续进行回顾活动。她已经做好了计划，希望回顾活动能够按照这个计划进行。

Sarah 在回顾活动的早期就注意到，团队并没有遵照她计划的时间进度，所以他们超过了规定的时间。Sarah 询问他们能不能再多待 10 分钟，但她太乐观了，最终超时了 20 分钟。在她结束回顾活动之前，就有两个人因为有其他安排离开了会议室，另外有两个人以为回顾活动就要结束，于是把注意力转移到自己的手机上，专心处理电子邮件和聊天了。

背景解读

在回顾活动中，可能会因为各种原因而出现超时问题，比如发生了一件新鲜有趣并且有重要原因和影响的事件。引导师和团队自然会渴望讨论这件事，但是，引导师也想要做一次真正的回顾活动。他 / 她不希望任何团队成员觉得回顾活动没有取得成效。

尽管新的事件或问题是回顾活动超时的常见原因，但还有其他因素也会造成回顾活动超时。例如，引导师可能会发现很难让参与者停止某个特定的讨论或者团队可能因为精力不够，很难从一项活动转到另一项活动。

反模式解决方案

引导师认同团队需要更多的回顾活动时间，因而将时间延长了 10 分钟。然而，这个延长被证明是远远不够的，回顾活动的时间往往拖得更久。通常，一旦出现新的问题，一部分团队成员会比其他人更加重视它。

对这些人来说，它就是团队中最重要的事情，但其他团队成员常常会因为新主题与自己毫无关系或关系不大而停止参与。

结果

因为这种讨论很可能只涉及到两三个人，所以团队的其他成员会感觉自己被困在这里听一些可能与他们完全无关的内容。当然，他们希望别的团队成员能够解决这个问题，但也许他们自己还有其他问题需要解决或是有其他任务需要完成，所以他们会觉得这次回顾活动纯粹是在浪费他们的时间。

另外，如果回顾活动被允许超时，那么说服人们在回顾活动上花时间就会变得越来越具有挑战性，因为他们会担心预计的 1 个小时实际上意味着 2 个小时。最终造成的结果是，并不是团队中的每个人都会出席回顾活动：他们要么身体缺席，要么精神缺席。

症状

回顾活动一旦超时，即使额外再延长时间，它也会超出延长的时长。

重构解决方案

作为引导师，你对每一次回顾活动都必须有一个议程，明确关于如何安排时间的。还应该有一个备用计划（但永远不要向团队展示），可以记在笔记本里，就写在正式计划的旁边；或者，如果经验丰富，可以就记在脑子里。

例如，在这个备用计划中，可以选择在某个特定的主题上花更多的时间或者如果觉得这个任务总结已经在练习中做过了，也可以选择在这方面花更少的时间。

任务总结

可以把整个回顾活动称为任务总结，但在这里，它特指的是在回顾活动中的每项活动之后，向团队提出问题，比如“这是什么情况？”或“我们能从中学到什么？”或“我们应该把这件事告诉谁，为什么？”任务总结的目的是帮助团队回过头来审视他们刚才所做的事情，以便从活动中获得最大的学习和理解的成果。

所以，改变计划以及在一个话题上花费比计划更多的时间是很正常的，这其实是一个优秀引导师的标志。但是，一旦情况失去控制，回顾活动超时，麻烦就来了。

一旦允许人们更多地讨论某个话题，就必须能够计算出还可以留给他们多长时间。如果让团队成员分小组来讨论建议的实践，就可以并行讨论而不是按顺序讨论，这样的话你是否能够从“做出决定”阶段省出一些时间？但一定要记得在会后的全体会议上进行总结，这样大家就不会因为没有参与讨论而觉得自己错过了什么内容。如果你安排分组讨论的目的是节省时间，你还必须明白，如果你不去引导总结，那么总结所需要的时间几乎与你试图避免的全体会议讨论所花的时间一样长。你能因为讨论必须优先进行，而放弃计划中的投票环节吗？你能投票决定他们是否愿意多待 20 分钟吗？为了从遵德守礼的人那里得到诚实的回答，投票必须是匿名的吗？你能坚持遵守新的时间安排表吗？

匿名投票

匿名投票的方式有很多种。如果是在线上投票，每个人都可以直接发信息与引导师聊天或者如果在线上系统支持，也可以使用该系统收集投票。在现场回顾活动中，引导师可以用便签或索引卡收集投票。最重要的是，在每次投票之前，参与者都要对是多票制还是一票否决制达成一致。如果是一票否决制，只要有一个人投反对票，回顾活动就不能超时。否则，这个人就得离开，然而对团队的回顾活动来说，如果有一个成员不能全程在场，回顾活动也就被破坏了。

如果不能安排更多的时间，就必须缩短讨论时间，比如可以说："这是一个非常有趣的讨论。我想我们可以做个记录，以便在其他地方其他时间继续讨论这个话题。"或者，也可以设置一个"停车场"——可以在一张海报上写下团队想要讨论但没有时间在回顾活动会上讨论的主题。不过，必须记住，之后一定要找机会解决"停车场"里的这些问题；否则，人们以后就不会再使用它了。

如果超时的情况经常发生，在计划回顾活动时长的时候可以考虑预留更长的时间。人与人之间是不一样的。我相信你在意大利需要花的时间肯定比在芬兰长。[①]

经常有人问我，回顾活动应该有多长时间。这取决于团队规模、回顾活动的频次以及对回顾活动结果的期望。如果是一个 6 到 8 人的团队，每周回顾活动一次、每次一个小时就足够了。比如，这代表每两周的冲刺后可以用 2 小时做回顾活动。如果团队有更多成员，你将需要更多的时间，至少在想要得到同样结果的前提下是如此。通常情况下，我每两周只用花 1.5 个小时与一个了解我的团队进行一

① 根据我的经验，不同文化背景的人有不同的口头禅。在丹麦，我们常说："言语是银，但沉默是金。"事实上，这可能是整整一个下午你只能听到丹麦人说这一句话。而芬兰人，可能因为居住在更北部的地方，甚至觉得丹麦人的简洁也有点过分啰嗦。他们认为，有的事情既然如此显而易见，根本就没必要说出来。其实，这个众所周知的笑话在芬兰只是很正常的表现：一个芬兰人和一个瑞典人坐下来喝酒。沉默……瑞典人说："Skål（干杯）。"芬兰人回答："我们是来聊天的？还是来喝酒的？"

次定期回顾活动，因为他们在回顾活动之前就做好了心理准备，我们也已经就想要从回顾活动中得到什么达成了共识。如果是线上回顾活动，很难让它超过 75 分钟，除非你在中间安排休息时间。根据 Daniel Kahneman（2013）的研究，理想情况下，任何会议都不应该超过 45 分钟还不休息，但要说服人们照此执行几乎是不可能的。

我曾经在 1 个小时内引导了一次 80 人参加的回顾活动，但这次活动的目标要比我平时的低得多。我们希望参与者在一个巨大的时间轴上（对一个为期一周的会议）分享他们的经验，并看看彼此的感受是什么样的。我四处看了看，发现了一些共同的和不同的经验，并在回顾活动的最后进行了总结。从参与者的反馈来看，不同的人对同一件事会产生不同的体验，但是，我们没有时间去深入学习以及生成更深刻的洞见。不过话说回来，这原本也不是我们本次回顾活动的目标。

线上回顾

如果回顾活动是在线上进行的，那么要更改议程就比较困难了，因为会受限于手上使用的线上工具。此外，也很难用肢体语言来改变回顾活动的节奏。不过，还有其他技巧可以使用。在线上回顾活动中，向每个人问同样的问题更容易被接受，因为人们知道在线上会议中每一次只能有一个人发言。可以挨个询问每个人，他们现在是否想讨论某个特定的话题。或者，如果认为他们不愿意与大家分享他们可能相反的答案，也可以让他们单独给你发信息。

个人经历

在我刚开始涉足引导之旅时，曾经在公司内部引导过一次回顾活动。当时我就遇到了这个反模式，其中有一个问题是参与者——好吧，至少是一半的参与者——真正需要讨论的问题。很多人都迫切想要讨论这个问题，其中一个人就是我的经理。参见反模式“好奇的经理”（第 15 章）。

他们讨论热烈到简直停不下来，我根本无法阻止他们。我尝试用一些礼貌的方式去打断，然而，并没有什么效果，最后，我决定就让他们尽情讨论这个问题，我通过改变自己的回顾活动计划为他们腾出了时间。我竭尽所能地引导讨论的进程，终于，他们在得出结论后转身问我："回顾活动怎么样了？"恍恍惚惚，他们莫名其妙地从睡梦中醒过来，发现已经过去了一个小时。这时，我只剩下 30 分钟的时间来进行回顾活动，这比我制定新计划时预计的时间少得多。我尝试继续，一度要求参与者再多给我 15 分钟，大家也都同意了。

但是，时间还是不够。在延长了 15 分钟后，我们开始产生一些洞见，但我不得不告诉他们，我得把他们所提出的问题带到下一次回顾活动中解决。这绝不是我最自豪的时刻，因为我希望他们能够在回顾活动中获得洞见，可是，我并没有成功。我给了他们一次糟糕的回顾活动体验，因为他们没能从中得到他们应该得到的——即共同的反思和每个人都深信不疑的改进。

从那以后，我越来越擅长将回顾活动维持在正轨上。但 9 年后，我在一个客户的回顾活动中遇到了类似的情况。我当场决定给团队 30 分钟的时间用来发泄，然后停止讨论，进行积极的回顾活动，这样的话事情会更容易讨论，而且花在"做出决定"阶段的时间也更少。

积极回顾活动

积极回顾活动是指团队有机会专注于他们的优势、成功和积极事件的回顾活动。整个回顾活动都是关于分享强大和积极的事件和想法，因此通常以团队成员表达对彼此的赞赏开始，以对未来的美好祝愿结束。积极回顾活动的收获是关于如何增进积极的一面。积极回顾活动是针对消极的团队反模式的重构解决方案的一部分（参见第 21 章）。

从 TCI（主题中心互动）可以知道，适当干扰和全情投入是首要的，这意味着当你与人合作时，有时会出现一些不能、也不应该被忽视的问题或事件。在这些情况下，是否应该推迟回顾活动要取决于具体的情况。根据我的经验，在有限的回顾活动时间内，最重要的是有所取舍，而不是试图鱼与熊掌兼得。

闲聊

……团队成员把时间花在小组闲聊上，而不是专注于分享和学习。于是，引导师改变了活动，帮助他们再次以团队的形式一起工作。

第 5 章

故事背景

泰坦尼克软件公司计划下周在挪威特吕希尔 Trysil 举行一次异地团建活动，员工们可以在那里享受一起滑雪的快乐。公司里大多数人都对这次旅行感到特别兴奋，尤其是现在离旅行只有短短几天了，大家时时刻刻都在惦记着这件事。就算在开会的时候，当然也忍不住要讨论一下这次旅行：那里的雪足够我们滑雪吗？哪些需要我们自费，滑雪装备？食物？啤酒？诸如此类的一大堆问题。

Sarah 想要开始回顾活动，但她也理解大家想要聊聊滑雪之旅的欲望，这个时候更是如此，因为对大多数团队成员来说，最后的冲刺总是令人沮丧的。因此，她左右为难，是允许大家继续滑雪旅行的闲聊？还是立刻结束它，开始回顾活动？

背景解读

有些人喜欢把时间花在闲聊上。对他们来说，这是一种与他人交往的方式，既可以表现出他们喜欢别的人，也可以获得别人的关注。

对大多数人来说，在彼此的陪伴下聊聊天是一种很重要的放松方式。由于闲聊本身的无害性，大多数人都可以很容易地发起聊天并一直聊下去。闲聊可以是件好事，尤其是对有远程人员的团队来说，因为谈论食物、旅行等有助于建立信任（参见第 22 章“缺乏信任”）。

反模式解决方案

作为回顾活动的引导师，你希望能表现得亲和友善，你想让大家在与你相处的过程中感觉良好，所以你留出闲聊的时间。这并不一定是坏事；如果在回顾活动中，大家都认为有必要专门为闲聊留出时间，它确实可以帮助回顾活动营造一种轻松舒适的氛围。结束一场愉快的谈话可能会让人望而却步，尤其是对一位缺乏经验的引导师来说，但是，必须确保为团队所做的回顾活动计划对他们来说要比他们的谈话更有价值。太多时候，闲聊被允许继续下去。

结果

花在闲聊上的时间，会占用集中讨论或反思团队遇到的问题及事件的时间。闲聊是很重要，因为它可以帮助人们建立联系，并为他们提供互相了解的途径。但在回顾活动的环境中，它会占用为其他讨论专门留出的宝贵时间。

症状

这种反模式的症状是显而易见的，因为在回顾活动中很难对人们聚在角落里聊天的场面视而不见。另一个更严重的症状是，引导师没有时间让回顾活动取得成果，例如，只好跳过某个阶段或不允许每个人都发言。

重构解决方案

如果这是你第一次遇到小组中的闲聊，你可以向大家强调，我们需要集中精力关注当前的问题。改变活动方式也是有效的方法，因为当人们在某项特定任务上花了足够多的时间并且变得焦躁不安的时候，就容易出现闲聊。如果闲聊发生在小组会议中，也有可能是有些人比其他人的工作完成得更快。在这种情况下，应该给那些聊天的人提供另一个问题供他们思考，让他们继续参与回顾活动。

如果闲聊是团队中一个持续存在的问题，你应该在下一次回顾活动开始时通过制定基本规则来解决它。你一定要询问团队，他们希望在回顾活动中或者在一般情况下制定哪些额外的基本规则。还要考虑一下，是不是因为团队已经开了 45 分钟会还没有休息，所以才导致闲聊的发生。

基本规则

当一群人选择成为一个团队时，必须接受这样一个事实：他们可能是一个异质群体[①]，对协同工作有着各种不同的期望。有些人为了学习新知识需要与人讨论；有些人需要独处阅读。有些人发现没有音乐就很难集中注意力；有些人却需要安静。有些人对会议时间毫不在意；有些人则对迟到者非常恼火。

团队可以根据他们对团队工作的期望来选择制定基本规则。有些基本规则可能适用于整个团队，比如“我们不可以开会迟到”和“我们不能打断对方发言”。另一些可能是私人问题，比如“如果 John 戴着耳机，说明他不想被打扰。”

有了基本规则，你就不必为了像闲聊这样的问题而生气——你可以参照团队中每个人都同意遵守的基本规则来处理。根据我的经验，一个有基本规则的团队可以避免很多负面情绪和消极的攻击。此外，一些不受欢迎的行为可以由引导师来规避，但如果有更多的人关注基本规则，效率会更高。

如果你已经制定了基本原则，但人们还是继续闲聊，你也可以改变话题或者让他们做更多事情，以转移他们的关注点。如果闲聊仍在继续，你还可以试着靠近说话的人，让他们能感觉到你的存在。通过这种方式，你用你的肢体语言让他们意识到他们正在做的事情，并不是他们作为一个团队决定要做的事情。

通常情况下，你的出现会提醒他们，让他们想起自己关于回顾活动中如何安排时间的集体决定。如果这样仍然不起作用，则需要直接与发起聊天的人谈一谈，最好是在回顾活动以外的时间谈。

如果我对这个团队很了解，我觉得我可以直言：“请记住，这段时间是用于回顾活动的。请尊重这段时间，其他事情留到其他时间再谈。”如果团队想讨论某个特定的话题，你可以建立一个“停车场”，将话题停在那里，便于以后再另行讨论。不过，这个解决方案对超时反模式（第 4 章）通常要比这个闲聊反模式更有用，因为这里要处理的是各种闲谈，这些谈话可以在午餐时轻松地继续进行。

① 译者注：异质群体是指由个性各异而又互相依赖的人们组成的社会群体，是群体质量结构的表现形式之一。

线上回顾

如果回顾活动是在线上进行的，将无法用自己的肢体语言让团队停止他们的闲聊，但根据我的经验，线上回顾活动中，小团体的闲聊并不是一个大问题。然而，如果回顾活动中的人员不是完全分散的——也就是说，如果有些人坐在同一个会议室里，而其他一些人单独在另一栋楼中或者甚至是另一个国家，那么闲聊反模式就比现场回顾活动中更有可能发生。坐在一起的人很容易以他们带来的食物或是刚刚一起参加过的会议展开聊天。在这种情况下，你必须指出，为了确保每个人在回顾活动中都是平等的，他们应该表现得像在参加一个在线上会议一样。也可以鼓励他们在下一次回顾活动中不要坐在一起，每个人独自待在自己的房间里参加，就像其他在线上参与者那样。

个人经历

我曾经讲过一门关于回顾活动的课程。参与者要进行回顾活动演练，所以他们必须开展活动，并分小组讨论。其中一个人是人力资源专员，其他大部分人都是开发人员。我发现，每当我让他们开始小组讨论时，那个人力资源专员总是在谈论一些不相关的话题，我注意到她是闲聊的发起者。每当我走到她坐的那张桌子前，听到她的谈话都与练习无关。前两次，我指了指练习，微笑着让他们都集中注意力。

到了第三次，我问她为什么只顾着聊天而不参加练习。她说，因为工作的原因她很了解人们，她知道他们需要进行一些闲聊，这一点很重要。我告诉她，可能确实如此，但要取决于场景，如果你只有一个小时去得出某种结论，那么你就没有时间去聊天了。我不确定她是否乐于接受我的话，但至少接下来团队能够继续完成任务了。有时候，为了让大多数人的时间能更好、更有效地利用，你必须对个别人严厉一点。

另一方面，我也见过一些人参与闲聊，是因为他们觉得自己无法为讨论贡献任何有价值的内容。

他们可能是非技术人员，却发现自己深陷于技术性讨论的海洋中；或者他们可能是团队中的新人，没有办法加入到讨论中去。如果你自己也是新加入团队的，这种情况可能很难发现；但是，如果你了解团队成员和他们的情况，你也许可以通过在讨论中分成几个小组来帮助闲聊的人，甚至请他们协助你完成回顾活动的某些部分。

无效的民主

……团队用民主方式来决定应该讨论什么和做什么，这让团队中的少数人感到沮丧。引导师需要找到其他的决策方式，让每个人都更加满意。

第 6 章

故事背景

在一次回顾活动中，Sarah 正在引导关于测试框架的讨论。参与回顾活动的大多数人都觉得这个话题非常有趣，当他们用点数投票来决定应该谈论什么时，这个话题是绝对的赢家。遗憾的是，Kim 和 Bo 觉得这对他们并不适用，因为他们认为测试不是自己的责任。两分钟后，他们俩开始讨论另一个问题，这个问题得到的票数较少，所以没有被选中讨论。

Sarah 在几分钟后注意到了他们的讨论，于是在谈论下一步的讨论时开始提高音量。她认为，即使这些人现在看起来似乎不关心，但团队共同决定的结果可能会影响他们。在这时候，她不知道该如何阻止他们，她注意到团队中其他一些成员似乎对这种偏离主题的讨论感到生气，而另一些人则加入到 Kim 和 Bo 的讨论中去了。

背景解读

在回顾活动中，往往需要通过民主程序来决定应该讨论什么。因为讨论什么总是由大多数人来决定，所以最终选择的某些话题对会议室里的少数人来说可能是不感兴趣的。这些人在无聊的讨论中开始谈论不同的话题或者是同一个话题的不同方面。其结果是，在没有全体会议统筹的情况下，多个话题在并行讨论，造成团队中的部分成员错过了一些非常重要的观点，这最终导致团队无法达成一致意见和结果。《六顶思考帽》（De Bono 1999）真正帮助我理解了这个问题有多严重以及如何避免它。

六顶思考帽

六顶思考帽是德博诺（Edward de Bono）[①]设计的一个系统，它描述了一个涉及六顶帽子的小组讨论和个人思考的工具。六顶思考帽和相关的并行思维的思想为团队提供了一种方式，以详细而有凝聚力的方式规划思维过程，从而有助于更有效的共同思考。创建并行思维的方式是指，通过表达某种特定的思维方式或真正戴上某顶帽子，表明我们现在同时在思考一个主题的相同方面：白帽子代表信息，红帽子代表情绪，黑帽子代表批判性思维，黄帽子代表乐观，绿帽子代表创意，蓝帽子代表规划。通过这种方式，我们尽量避免让团队的一部分人考虑纯粹的数据，而另一部分则试图进行批判性思考（De Bono 1999）。

反模式解决方案

引导师通常是一个非常和善的人，对其他人有同理心。他 / 她明白有些事情比其他事情讨论起来更有趣，而无聊会让人感到难以忍受的痛苦，尤其是在我们这个无聊完全无处容身的现代社会中。实际上，引导师允许人们谈论其他话题，是为了让他们保持快乐，并希望当话题转到他们感兴趣的那个点时，他们会重新加入到重点讨论中。

结果

如果团队在回顾活动中脱离集体讨论，最常见的原因是他们中的一些人认为自己不需要倾听此刻正在讨论的内容，他们可以像在其他会议[②]上一样，随意地跟进或是走神。

① 中文版编注：心理学家和发明家，创新思维学之父。通过运用他的“六顶思考帽”，西门子产品开发时间减少了 30%；施乐（英国）不到一天就完成了一周的工作；芬兰 ABB 用两天时间完成了之前已讨论 30 天的项目；摩根会议时间减少了 80%。

② 其他会议也不应该脱离集体讨论，但这是一本针对回顾活动的书。

结果之一是，他们可能会错过与自己相关的信息，即使他们并没有预料到会这样。当他们发现讨论变得有趣的时候，他们又会要求人们重复自己的观点，这对回顾活动或任何其他类型的会议来说都会适得其反。

脱离集体讨论的另一个后果，是对发言人的不尊重。很显然，他们谈论这个问题是因为它对他们来说很重要，他们相信通过做一些改变能够改善现状。最终，回顾活动可能会被终止，因为它们没有提供团队所期望的分享，人们觉得自己在浪费时间。无效的民主还会导致团队中更深层次的问题，因为团队中的少数人总是看到他们感兴趣的话题被否决和遗忘。

症状

这种反模式的症状可能很明显，因为引导师很难对一小群人在会议室角落里聊个不停的情况视而不见。另一个症状是，当人们突然意识到讨论的内容很有趣时，他们会要求别人重述论点。或者，如果引导师维护自己的权威，制止这种“私聊”，一些团队成员会觉得自己的时间被浪费了，因为他们的问题从来没有得到解决。

重构解决方案

放任这种私聊的反模式解决方案是一个糟糕的解决方案。它只触及了问题的表面，治标不治本。在回顾活动时，通常采用民主程序来选择讨论哪些问题、尝试哪些实践以及执行的顺序。对便签上的问题进行点数投票是引导回顾活动中一个众所周知的环节。

民主程序的问题在于，少数人的意见经常被忽视，特别是如果每次回顾活动中被要求对同一类问题进行投票的是同一批人，这个问题就会愈发严重。解决这个问题的方法之一是采用共识决策，它需要更长的时间，因为每个人都必须达成一致，但这样做能够使团队形成一个决定，一个合理地满足每一个人要求的折衷方案。与民主的点数投票不同，这种决策方式力求将每个人的观点、需求及最终的认可都纳入考量。引导师也可以征求每个人的共识，这意味着即使不是所有人都同意这是最好的选择，但至少这是所有人都接受的决定。当然，引导师还可以采用独裁方式，由某一个人做出决定，因为这个人最了解情况或者说这个决定对他 / 她产生的影响最大。

另一种解决方案称为少数派投票，就是将选票分开，并在白板的不同部分显示，如图 6.1 所示。例如，其中 5 张选票可以用于左边白板上的 11 个主题，其余 3 张可以用于右边白板上的 8 个主题。通过这种方式，引导师可以确保少数人提出的问题也能得到一定的关注，即使它不是大多数人关注的焦点。如果少数人也有时间讨论自己的问题，就能够更容易地避免他们在会议室的角落里开小会。

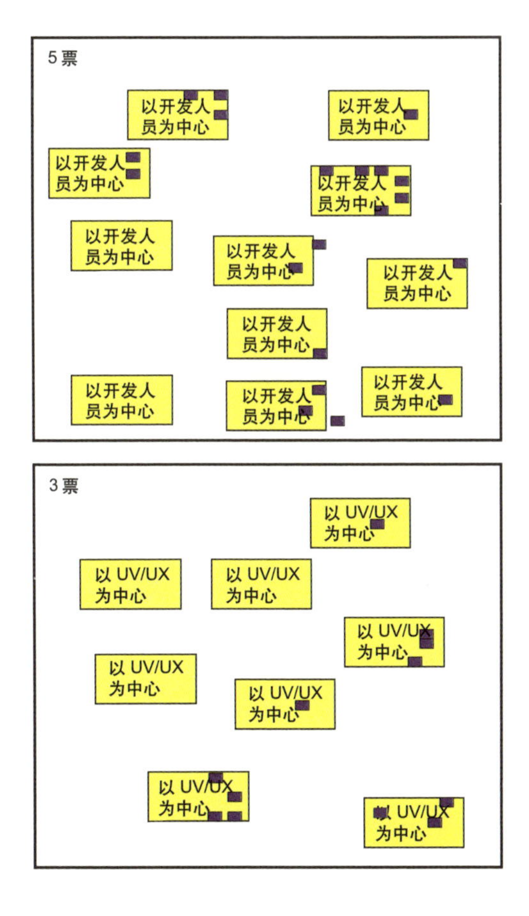

图 6.1
少数派投票

我还从 Jutta Eckstein（《原来你才是绊脚石》作者）那里学到了另外一种方法。她把人们分成几个小组，必要时可以两两结对，让他们并行讨论不同的主题，而不是每个人都讨论同一个主题。为小组讨论安排专门的时段，当讨论结束后，他们可以再次聚在一起，在全体会议上分享他们得出的结论，也可以在新的时段里讨论另一个主题。当主题讨论完毕、分享来自不同小组的结果时，所有的团队成员都会知道所提议的不同行动，并且可以共同决定他们想要做什么。通过这种方式，每个人都可以专注于自己最关心的问题开展工作，同时也可以了解到其他小组的情况。

最重要的是记住，当一个团队决定采取某项行动时，他们不仅需要相信这项行动是重要的，而且要有精力去执行。否则，即使是重要的事情也无法付诸行动。我经常让团队投票决定什么是最重要的工作，然后再询问他们是否有精力或激情去采取实际行动。当我第一次和团队这样说的时候，他们总是皱着眉头说，激情不如影响力重要。但经过几次未将精力考虑在内的回顾活动之后，他们发现，在没有精力的情况下，任何事情发生改变的可能性都会降低。

线上回顾

假如回顾活动是在线上进行的，所有相同的问题都适用。如果事前没有预料到这个反模式，就很难改变在线上环境，但是，大多数在线上会议工具中都有所谓的分组讨论室，所以让人们在较小的分组范围内进行讨论通常是可行的。如果发现民主程序对团队来说不是最适宜的，你可以准备在线上文档来支持其他类型的决策制定。对于少数派投票，你可以创建一个文件，将不同的提案分成不同的部分，这样就可以进行投票，并将选票分配到相应的部分。为了达成共识，我建议采取匿名投票的方式，这样人们就可以放心地自由投票，而不受其他人投票的影响。而另一方面，共识决策则要求不匿名投票，因为每个人都要表示同意，而达成共识的方式通常是改变建议，直到每个人都能接受为止。独裁的做法与现场回顾活动完全一样：收集建议，也许会进行投票，做决定的那个人会根据掌握的信息、投票情况以及自己的知识和经验来做出决定。

个人经历

我曾经在丹麦的一家小公司担任回顾活动引导师，我每两周为一个团队引导一次回顾活动。为了创建一个跨功能的自主团队，管理层在团队中配置了一名测试人员、一名 UX 专家和一名 UI 专家。Scrum Master 也是一名开发人员，因此，我们团队中有 7 名后端开发人员和 3 名其他角色。

在回顾活动中，我注意到一个模式：我们经常使用点数投票来决定在下一个冲刺中要讨论的内容或者要执行哪些实践。大多数情况下，这对团队中的大多数人来说都是有效的，但对 UX/UI 专家或测试人员来说很重要的问题，往往却没有得到足够高的票数，以至于无法在回顾活动中进行讨论。实际上，诸如“在项目早期引入 UX 讨论”和“在自动化测试上疯狂地花一大笔钱”这样的问题从来不会比“休息室里配置更好的咖啡”和“速度更快的服务器”获得更高的得票率。因此，开发人员喜欢回顾活动，但团队中的其他成员却开始逃避回顾活动或者干脆在回顾活动时走神，因为他们想讨论的主题从来没有被摆在桌面上。

这个特殊的问题最终是通过少数派投票解决的，以确保 UX/UI 和测试方面的问题有时也会被讨论并寻求解决方案。能够关注少数人的需求，而不总是支持多数人，这样的做法并不直观，但是，效果非常显著。

百尺竿头

……团队认为自己已经足够优秀，不需要再做什么回顾活动了。引导师要向团队展示，他们可以通过学习来保持进步。

第 7 章

故事背景

团队的工作做得非常好。团队成员喜欢以敏捷的方式工作，他们的工作产品不断为用户增加价值。过去的两次回顾活动没有显示出任何需要处理的问题，所有的便签都是绿色的，除了一些关于坏天气的抱怨（毕竟这里是丹麦）。Sarah 无意中听到 Rene 和 Andrea 在开玩笑，Sarah 是不是指望他们能发明出几个问题，以免回顾活动中没有问题可提。

既然一切都进行得如此顺利，看来确实没有必要再做回顾活动了。Sarah 敦促团队思考需要解决的问题，但是，没有效果。尽管 Sarah 感到很沮丧，但她不得不同意团队其他成员的看法，回顾活动可能已经不再有意义了。

背景解读

我几乎在每一个组织和团队中都看到了这种回顾活动的生命周期模式：最初，团队可能会认为回顾活动是浪费时间，直到他们了解到回顾活动是多么有用和有效（而且有趣）；然后到了某个时期，他们会在回顾活动时发现有很多事情可以讨论，在团队合作、交流、技术或他们所使用的系统中解决问题，这种感觉很好；但是，一段时间后，团队发现“问题用完了”，讨论总是围绕着同样的问题，回顾活动变得既没新意也没意义，完全就是例行公事，已经变成了人们希望结束的另一种会议。

反模式解决方案

最浅显易得的解决方案是，在每次计划回顾活动时询问团队成员是否有什么新话题可以讨论，如果答案是没有，那就取消回顾活动。

结果

要了解错过回顾活动的后果，首先要看一下预期的好处：能听到关于已经发生或正在发生事情的故事分享，掌握当事情不理想时释放压力的方法以及获得关于下一步要做什么的共同决策。个人因素在回顾活动中也很重要。这往往表现在大家一起开怀大笑、分享对各种问题的感受、学习如何帮助他人或自己。只要引导的方式正确，回顾活动可以帮助所有的成员作为一个团队去学习、成长。通常情况下，这是一个团队超越表面问题，着眼于更深层次问题的唯一机会。正如 J. P. Morgan 所说，每一个决定和每一个行动都有两个原因：公开的原因和真正的原因。

症状

你会听到这样的传闻：“我们不再需要回顾活动了”“没什么可讨论的”或者“我们现在是一个优秀的团队，所以不需要把时间浪费在发明问题上。”

重构解决方案

正如（Larsen and Derby 2006）的副标题“团队从优秀到卓越”，回顾活动对所有的团队都是有用的，而不仅仅是对那些在某种程度上功能失调的团队。我们永远可以将事情做得更好：从优秀走向卓越。

世界级的滑雪运动员仍然在努力改进他们的滑雪方式：他们不断地检查自己的动作，并根据他们的发现调整自己的技术、睡眠或饮食模式。即使去牙医那里洗过牙或者去汽修师那里把汽车的车轮调整好平衡，你还是需要定期再去做一次，这是我时常对一些团队说的话，他们已经在回顾活动的旅程中取得了一些进展，但他们认为自己不再需要回顾活动了。

之后，我在他们的回顾活动中引入了一些新东西。我会尝试一种新的回顾活动，比如积极回顾活动或团队雷达回顾活动（参见图 7.1）或者进行一次未来展望，展示他们所担心或希望发生的事情。正如消极的团队反模式（第 21 章）中所描述的那样，团队不仅可以从问题的积极方面学习，还可以从消极方面学习，学习如何把好的实践做得更好。

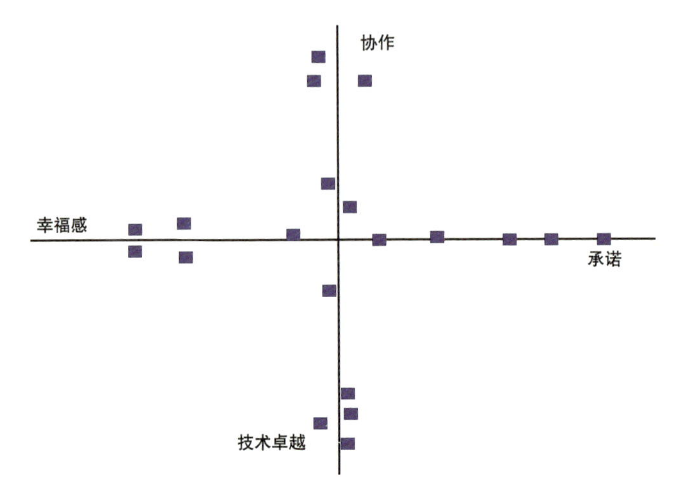

图 7.1
有四个主题的团队雷达回顾活动

未来展望

未来展望有些类似于回顾活动，但重点在于未来，而不是过去。进行未来展望，我会在白板上建立一个时间轴，从今天开始（即未来展望的当天），一直延伸到未来，也许是三个月后，也许是一年以后，也许是直到下一次发布。然后我让团队成员想象他们身在未来，在时间轴的末端。如果可以，我会让他们闭上眼睛，试着去想象“现在”的世界是什么样子。然后，他们睁开眼睛，在白板上添加便签，描述从时间轴开始到结束发生的所有积极和消极的事件。

对于这个练习有一个典型的抵制理由，人们不可能预见未来。作为一名引导师，你可以承认他们无法预测未来，但要向他们解释，他们将要分享的是对未来的希望与恐惧。

当他们添加了自己所预期的未来的积极和消极事件后，你需要仔细查看，并讨论是什么导致了这些事件，原因或者其背后的故事。

未来展望的结果可以是团队决定了让他们以最佳方式工作的基本规则，比如不召开晨会；也可以是给管理层的一个提示，说明他们需要怎样做才能使这个团队获得成功，例如，团队应该紧密团结在一起，而不是被组织中的其他项目蚕食。此外，团队可以确定未来要执行的实践，就像普通的回顾活动一样：他们可以先执行几周，然后查看结果，比如所有工作的同行评议或是每月一次的 mob 编程。

对我来说，这个活动还有一个附加作用，让我了解了很多团队成员的过去。在他们的分享中，他们描述了自己之前可能经历过的负面事件，他们的恐惧；也描述了他们喜欢的工作方式的本质，他们的希望。因此，在我开始与一个新团队建立关系时，我常常会对其进行一次未来展望。

另一个很有用的练习是帆船回顾活动[①]（图 7.2），这也是在回顾活动中尝试新鲜事物的好方法。

图 7.2
帆船回顾活动

① 译者注：又称“快艇活动”。

帆船回顾活动

帆船回顾活动是围绕着一艘帆船图片而建立的回顾活动：海中有一个赏金岛，风吹动船帆，船拖着船锚，还有一些隐藏在水下的暗礁。团队必须首先就赏金岛上有什么达成一致，这也意味着他们梦想中的场景是什么，他们的愿景是什么。然后可以给这艘帆船取个名字，因为给船取名字可以展示出同一个团队的成员对团队的定义因素往往有非常不同的观点。出于时间管理的原因，我有时会跳过这一步。

接下来，团队成员在各自的便签上写出积极的因素，并把它们贴在风上，风吹动船帆，使船能够驶向小岛。下一步是船锚，它代表了让我们无法靠近小岛、阻碍我们进步的因素。最后一步是暗礁，代表我们并不确定、但又担心可能发生的因素。然后，“收集数据”阶段就完成了，团队可以进入“生成洞见”及“做出决定”阶段。帆船回顾活动在其他书中也有描述，如《从敏捷回顾活动中收获价值：回顾活动练习的工具箱》（Goncalves & Linders 2014）以及《创新游戏》（Honmann 2001）。

另一种选择是询问团队最坏的情况会是什么或者如果他们有更少的时间 / 更多的时间、更少的人 / 更多的人等等情况，他们将如何工作。试着为他们设置另一种世界观，看看他们能想到什么。通常，如果他们不知道需要改变什么才能有所改进，是因为他们太习惯于事情的现状，很难去想象团队的不同情况。

有些团队只学会了在回顾活动中关注他们的沟通、合作和流程，虽然这些考虑因素也很重要，但在回顾活动的“收集数据”阶段，硬性数据也是值得关注的。硬性数据可能包括燃尽图、回归测试概述、同行评议统计数据、用户反馈等等。

为回顾活动选择一个主题，也是一种聚焦并深入研究某个特定主题的方法。主题可以是一个特定的发布、测试策略、我们作为一个团队和个人是如何学习的、架构或者是这个团队可能感兴趣的任何内容。

有时候你可以让自己在回顾活动中扮演一个稍微积极一点的角色。例如，我会听到这样一些问题和评论：“为什么我们不能更好地估计任务的时间轴呢？这样我们就不需要一直说那么多——只需要在工作即将完成的时候进行检查就可以了”或者“我们必须讨论进展顺利的事情吗？我们就不能只关注那些有问题的事情？”有时候我喜欢针对团队成员实际想要如何工作提出一些问题。他们相信敏捷吗？相信人性吗？他们对这个团队的期望是什么？

你还可以使用其中一种评估方法，比如敏捷流畅，让团队意识到他们在敏捷方法、代码质量标准或团队幸福感方面的情况。然后，就可以开始讨论他们想要达到什么水平或者他们认为自己现在处于什么水平。

敏捷流畅度

学习以敏捷的方式工作就像学习一门新的语言。你可能学会了一门语言，但当意外情况发生时，你就会切换回你的母语。例如，我会说德语，但当我的脚趾撞到桌腿时，我还是会用丹麦语叫疼。如果我对一门语言不熟练，当我感到惊讶、愤怒或害怕时，我就会切换到我擅长的语言。团队中的敏捷工作也是如此。他们可能已经学习了一些课程，学会了如何使用 Scrum 工作，但是，当一些意想不到的事情发生时，他们就会切换回瀑布式，因为这才是他们所熟知并理解的。敏捷流畅度的意义在于评估和可视化团队对敏捷方法的掌握程度。

Diana Larsen 和 James Shore 共同创立了敏捷流畅度项目，在这个项目中，他们帮助教练使团队能够在最适合其业务需求的敏捷流畅度水平上工作。

这个重构解决方案的重点是支持他们找到改进团队及其工作的各个方面的方法，即使只是以微不足道的方式。

线上回顾

如果回顾活动是在线上进行的，所有相同的要点都适用。唯一的区别是，更改线上回顾活动的议程更加困难，因此，在你遇到这种反模式时，可能无法更改它，但在制定下一次回顾活动计划时你可以考虑到这一点。

个人经历

正如前面所提到的，我已经在许多团队中看到了回顾活动生命周期这一特殊性。我曾经遇到一个特定的团队，确实很难看出他们还应如何改进。他们似乎把所有的事情都做得恰到好处，而且在工作过程中彼此相处也很融洽。

我决定围绕“勇敢”这个关键词准备一次回顾活动。“设置场景”阶段包括了一个问题，即每个团队成员在上个月里是如何表现勇敢的。我只要求每个人举一个例子，可以是工作上的，也可以是私下里的。当然，我们也回顾了上次回顾活动中的行动点，并讨论了实践是否成功、他们学到了什么以及他们将继续做什么。

在“收集数据”阶段，我要求团队成员思考一下，如果他们在某天早上醒来时，变得比平时勇敢十倍，他们会做哪三件事？其中至少有两项应该与他们的工作有关。你可能会说，这三件事应该都与他们的工作相关，但是，我选择包含一个可能的私人设定，这有两个原因。

首先，这个问题可以引出一些关于对方的趣事，他们一直想尝试却不敢尝试的一些事情。趣事可以给团队带来欢笑，并在团队中建立更牢固的联系。有时，团队成员甚至会发现他们可以帮助彼此实现一个“勇敢的目标”。比如有一次，有人说他想尝试学习飞行驾驶，另一个团队成员就邀请他在她下次飞行时做她的副驾驶。

其次，通过在这个问题中留出空间让人们得以思考工作以外的问题，你可以鼓励他们谈论一个重要的个人愿望，他们通常不会在工作中谈论它，但它仍然占据了他们的思想。当他们分享自己重要的梦想或目标、而不是试图抑制自己的想法时，他们就会减少分心，更能专注于自己的工作。

从这个练习中得到的答案是各不相同的，如“在最近的商场里直接与系统的未来用户交谈”“尝试群体编程”[①]“遇到不明白的事情就向别人求助”和“把自己重新培养成一个后端开发人员”。下一个阶段是“生成洞见”，这是关于他们答案背后的故事。如果人们愿意，他们会分享自己的经历，正是这些经历让他们列出了如果自己勇敢十倍就会去做的那些事情。他们是否已经尝试过并且失败了？当他们尝试的时候发生了什么？是什么促使他们去尝试，他们期望得到什么？

在“做出决定”阶段，每个人都选择了一个想法来关注或是帮助其他人关注。就这样，我让他们明白了迈出第一步并没有那么可怕。回顾活动带来了一些新的问题，因为团队成员被迫以不同的方式去思考。有些人做起来比其他人更容易，但会议室里的每个人都对自己的常态行为进行了一些反思以及是否可以在个人层面上进行一些改进。

该反模式的另一个方面是，团队从一开始就认为，由于某种原因，回顾活动对他们来说没有价值。最近有人告诉我：“敏捷教练和Scrum Master 都很紧张，因为 DevOps 无处不在。如果 Scrum Master和敏捷教练了解 DevOps，他们对回顾活动的整体看法就会改变。DevOps 是关于测量结果的。在这种情况下，回顾活动也应该关注这些结果，而且许多 DevOps 的结果都是技术性的：生产事故率、功能周期时间、恢复 / 还原服务的平均时间。在不了解 DevOps 的情况下，你不可能引导关于这些事情的讨论。”

我真的很喜欢这样的评论，因为它给了我一个机会来解释为什么我认为回顾活动是非常有价值的。至少发表这个言论的人绝不会仅仅为了回顾活动而实施回顾活动。我回复了这个评论：

首先，即使人们在使用 DevOps，他们仍然是人，他们仍然和其他人一样，同样有着人的问题。

其次，尽管我知道大多数人认为回顾活动中的“收集数据”是关于事件和感受的数据收集，但我也经常看到燃尽图、回归测试结果、恢复时间和响应时间。我有时会在团队决定只关注技术主题的情况下引导回顾活动，效果可能会非常好。但通常，我们也会谈论人的问题，基于诸如“我们是如何在这个响应时间结束的？”或者“我们为什么会得到那个回归测试结果？”之类的问题。

① 类似结对编程，但整个团队都要遵循 Woody Zuill 制定的规则，一起进行编程。

第三，我知道得益于我的技术背景，当人们进入技术讨论时，我有时能给他们指出捷径，因为我能理解他们所说的话，并在他们重复之前的错误时有所察觉。但是，许多引导师没有这样的背景，仍然能够很好地引导回顾活动。作为引导师，我们对于讨论应该起到无形的支持作用，因此只要对肢体语言和团队动态有适当的理解，即使你对会议的主题一无所知，仍然有可能很好地完成引导。

第四，这是针对 DevOps 的具体问题。我目前负责两个团队的回顾活动工作，一个是运营团队，一个是开发团队，两者正在合并成一个 DevOps 团队。他们遇到一些具体的问题，这些问题与他们各自的团队被合并成为一个团队有关。当然，最理想的情况是他们能作为一个团队工作，团队中的开发人员不仅对运营有同情心，而且有同理心，因为他们将深入了解运营中的具体工作，而运营人员也是如此。当工作涉及到尊重彼此的知识和技能组合，并创造一个让他们互相学习的学习环境，以便使收集数据和对数据做出反应成为可能，这就必然会带来一些挑战。这两个团队之间存在很多的对立，但回顾活动可以帮助他们互相尊重，尽管速度比较缓慢。

政治投票

……团队成员为了与投票制度博弈，总要等到最后一刻再投出自己的一票。引导师需要找到一种方法，让投票制度更加公平。

第 8 章

故事背景

Sarah 想利用这次回顾活动的机会来讨论团队如何评估他们的工作质量。这个话题有些微妙，因为有些团队成员认为质量很低。Sarah 知道这一点，因为她曾与他们中的一些人进行过线下交流，但她也知道，他们从不公开讨论工作质量，于是，这个问题所引发的紧张气氛在每次会议的幕后不断发酵。

这次回顾活动必须在线上完成，因为一些团队成员这周正在远程工作。

她决定采用团队雷达回顾活动（图 8.1），也称为“蜘蛛网回顾活动”。她准备了一张谷歌绘图的表，并将质量、客户价值、测试覆盖率、内部沟通、外部沟通和乐趣这六个辐条标注出来。

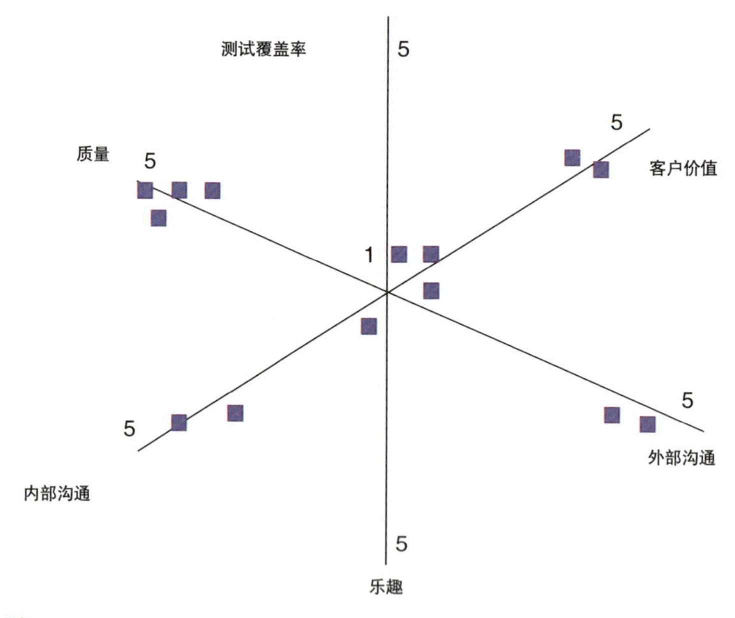

图 8.1
六个主题的团队雷达回顾活动

使用这种方法，Sarah 可以评估团队对质量的看法，而又不会做得太明显，因为辐条上也体现了其他的主题。团队成员的任务是在每根辐条上放一张虚拟的便签，对团队的这六个方面进行评分，评分标准从 1（差）到 5（优秀），从而直观地展示团队的集体意见。

如果是所有人都在现场的情况下进行回顾活动，Sarah 会让大家把分数写在一张纸上，然后由她大声读出来，以保护匿名性。然后，每个人都可以查看投票结果，并讨论结果是否出乎意料，是好是坏以及可以采取什么措施。

由于这是一个线上回顾活动，她需要使用在线上工具，比如谷歌绘图软件，允许人们匿名摆放他们的虚拟便签。这种投票方法的缺点是，每个人都可以看到投票的情况，并可能受到这些投票的影响。例如，他们可能会看到前两张投票将质量评为优秀，所以为了避免成为讨论质量的原因，他们决定跟随前两张票投优秀。

背景解读

进行现场回顾活动时，通常很难做到匿名，因为我们可以看到人们把便签放在哪里或者我们熟悉他们的笔迹。而在线上回顾活动中，比较容易在需要的时候保持匿名。但在这个过程中，我们必须确保我们不会忽视其他问题，比如时机以及每个人在投票时不要看别人的投票。

反模式解决方案

反模式解决方案是让人们通过将虚拟的便签拖放到代表自己选择或意见位置来进行投票。然而，这种方法的时机可能是个问题，因为人们可能会先等待，等看到其他人投什么票之后再投出自己的一票。此外，还有一点与现场回顾活动不同，在现场回顾活动时，你可能只需要在会议室里走一圈，从每个人那里收集一张纸，投票就完成了。而在线上回顾活动中，可能很难看到是否每个人都已经投票了。

结果

如果人们在自己投票之前可以看到别人的投票，他们有时会投“政治”票或者说“政治正确”的票，而不是反映自己真实意见的票。也许这是因为他们在这个团队中没有安全感，所以即使投票是匿名的，他们也不希望自己的投票导致一场讨论，而自己则不得不在讨论中大声地表达与大多数人相左的意见。这种现象可能会以大致相同的方式影响每个人的投票。因此，这个问题仍然是一个不被承认的意见分歧，也是团队内部紧张气氛的根源。

症状

政治投票反模式的症状往往很容易发现，如果有人大声说：“我要等到其他人都投票后，再根据我想讨论的内容，在最有影响力的地方投票。”比如说，如果有两个或两个以上的话题得票数是并列的，这个人可以通过把票投给他 / 她喜欢的话题（即使该话题并非这个人的首选）来左右结果。其他人也可能会暂缓投票，直到他们看到别人投什么票，然后再跟随众人投票，也就是如前面所述，投出政治正确的一票。

重构解决方案

重构解决方案是确保让所有的团队成员同时投票。大多数在线上工具支持同步投票：你可以要求每个人“拿起”他们的选票，等待“1-2-3- 投票！”的数秒，然后把票投到相应的地方。当大家同时投票时，你就能更真实地了解大多数人的想法。如果在线工具不支持这个功能，你可以让人们通过私人聊天把投票发给你，然后你可以把所有的投票放在雷达图上。有一些线上回顾活动系统，例如 Retrium，它的投票系统不允许你在投票前看到其他人的投票情况。

线上回顾

这个反模式的背景就是线上回顾活动，但如果是现场回顾活动，你也可以通过让每个人都把选票交给你，然后自己将所有选票放到白板上，通过这种方式来解决这个问题。

个人经历

我为一个团队引导了一场回顾活动。这是一个与我共事了很长时间的团队，大家彼此都很熟悉。我们的回顾活动总是在线上进行，并且一直使用谷歌绘图来为回顾活动绘制图表。这一次举办的是团队雷达回顾活动，我们需要弄清楚团队想要关注工作的哪些方面。

问题是，团队中有一个成员总是在其他人都投票后才愿意投票。他对评估工作的各个方面（如代码质量和测试覆盖率等）感到不安，因为他担心自己的观点可能不受欢迎。尽管这是一个完全匿名的投票，但他知道，如果他把代码质量评为 1 或 2，而团队其他成员把它评为 4 或 5，那么在接下来的讨论中，他将不得不坚持并捍卫自己不合人心的意见。

在我看来，我需要他的参与，也很重视他的意见，团队里的其他人也是如此。我们通过采用“1-2-3- 投票”法解决了这个问题，每当团队需要投票时，大家就“1-2-3- 一起投票！”当每个人都同时投票时，就没有人可以根据别人的投票来决定自己的投票了。

规划反模式

第 9 章　何为团队 团队的边界模糊不清，团队成员需要互相帮助，确定谁应该参加回顾活动。

第 10 章　亲力亲为 引导师身兼数职，这对引导师和参与者来说都不是最理想的情况。因此团队有时需要找其他引导师来接替。

第 11 章　延期死亡 团队忙于所谓“真正的工作”，以至于回顾活动被一再推迟。引导师应当帮助团队看到回顾活动的真正价值，它们就是“真正的工作”。

第 12 章　草草了事 引导师为了尽可能不让团队“浪费”时间，只好仓促地完成回顾活动。引导师最终拿定主意，要进行一次像样的回顾活动，就必须给讨论留出足够的时间。

第Ⅱ部分

第 13 章　忽视准备 引导师最初忽视了线上回顾活动所需要的各项准备工作，但在之后的回顾活动中学会了如何明智地进行准备工作。

第 14 章　窒息的房间 团队成员在回顾活动中会感到疲倦、饥饿和注意力不集中，因此引导师要应确保为他们提供食物，让他们呼吸新鲜空气，使他们能够更加专注。

第 15 章　好奇的经理 经理对回顾活动中发生的事情很好奇，想加入进来听一听，而引导师以一种友好而坚定的方式对经理说“不”。

第 16 章　躲猫猫 线上回顾活动中，团队成员不愿意在视频中露脸。引导师需要弄清楚其中的原因，并找到方法让人们更有安全感，愿意露出自己的脸。

何为团队

……团队的边界模糊不清，团队成员需要互相帮助，确定哪些人应该参加回顾活动。

第 9 章

故事背景

这个团队缺乏足够的软件架构知识，因此一名软件架构师被派来协助这个领域的工作。Bo 对此感到不快，因为他认为自己就是一名软件架构师，团队不需要外部帮助。不过，Bo 并没有大声说出自己的想法，因为那样就等于承认团队并不认可他。这名架构师不仅被分配到这个团队，而且还被分配到其他三个团队协助工作，因此她并不是全职的团队成员。

乍一听起来，似乎架构师会将时间平均分给四个团队，每个团队得到四分之一的时间。但是，当我们在两件或更多的事情之间分配注意力时，往往会由于上下文切换而损失一定比例的时间。[①]具体会损失多少时间取决于各种情况，但根据研究，一个较好的估计是在 10% 到 40% 之间。为了减少因上下文切换所损失的时间，架构师决定连续两天与某一个团队一起工作，而不是每当一个团队有问题需要她回答或者有会议需要她参加时，她就得在团队之间不停切换。

结果是团队有非常多的问题要询问架构师，并开始跟在她旁边。每当她去休息的时候，人们就会在咖啡机旁、甚至在洗手间外面排队，向她提出各种问题。最后，架构师只好开始自己带咖啡，并且使用不同的洗手间。

这种情况最终导致的结果是，每当团队向架构师提出问题，他们必须等待 6 天才能得到答复，因为架构师正在与其他团队一起工作。如果把周末、病假和出差等因素计算在内，等待时间可能会更长。因此，团队经常必须自己寻找答案，也就不足为奇了，这种状况又让 Bo 高兴起来。但是，整个系统还是受到了影响。Bo 的决定有时会对系统的某些部分产生连锁反应，而不仅是他和他的团队负责的部分。它们并不是在回归测试中显示出来的问题，而是由于无视架构师的指导方针而引起的微妙变化。每个问题都会在架构师、其他团队和相关的团队之间制造大量的羞辱和指责，其中大部分都将矛头指向了 Bo。

① https://productivityreport.org/2016/02/22/how-much-time-do-we-lose-task-switching

背景解读

在决定邀请谁参加回顾活动时，应当考虑到很多因素。经理是否应该在场（参见第 15 章“好奇的经理”）？实习生是否应该出席？那些时常协助我们的专家是否应该在场？另外，他们是应该参加所有的回顾活动，还是只参加选定的回顾活动？通常情况下，与不同团队一起工作的人都希望优化自己与团队相处的时间，因此他们跳过了社交时间、大多数站会和回顾活动。

反模式解决方案

我们经常使用的解决方案是，不邀请专家参加回顾活动，以节省他们的时间。

结果

缺失了一块重要拼图的回顾活动就不会成为最理想的回顾活动。回顾活动的主要结果之一是团队分享他们在最后一个冲刺 / 周 / 项目 / 年中的经验：什么是有效的，什么让他们开心，什么给了他们能量以及实际上发生了什么。我经常听到一个或多个团队成员在收集数据时说：“我不知道这个情况！”有时候，人们希望其他人也能了解到他们自己知道的事情，但即使大家在一个开放的办公室里一起工作，也会有一些事情、甚至一些重要的事情，被某些人忽略了。

通过收集整个团队的数据所绘制而成的图表，对于了解（或者换句话说）检查团队的工作是如何完成，是非常有价值的。决定进行的实践，即对团队合作方式或技术的改变，也是回顾活动的重要结果，因为这些实践是团队适应当前情况的方式。当团队中某个成员或与团队密切合作的人缺席回顾活动时，回顾活动最终决定的行动可能不会被所有人接受。也许这些决策甚至会造成一些问题，比如架构、UI 或测试，而这些问题都是缺席回顾活动的团队成员能够预见到的。这种检查和自适应正是敏捷开发的核心。

最后也同样重要的是，我经常听到人们说，回顾活动就像是团队的集体治疗，他们在这里进行分享，感觉自己是团队的一部分。因此，不参加回顾活动的人可能会觉得自己都不能算是团队的一部分。

症状

在站会上介绍的主题对没有到场的人的工作很重要。对实施用户故事至关重要的人却没有参与用户故事的创建。在做出每日决定时，并没有去咨询应该参考其意见的人。

重构解决方案

每个人都要参加团队回顾活动。我说的“每个人”，其实并不是指字面上的“每个人”，我指的是核心团队和需要对以前的工作方式进行反思、并决定未来如何合作的人。接下来的问题是，我们如何知道需要哪些人？

如果团队遇到了一些超出他们的影响范围的问题（参见第3章“深陷困境”）或者如果他们想要解决一些要有经理参与的事情，可能就需要经理参加回顾活动。对架构师、UX/用户体验专家和测试人员来说也是如此，他们拥有许多团队所需要的专业技能。如果你正在研究系统中会改变架构的部分或者如果架构正在改变并且会对你的工作产生影响，就应该邀请架构师参加回顾活动。同样的逻辑也适用于测试人员和其他专家。例如，你可能认为每个人都应该会测试，但事实上，即使开发人员懂得如何进行测试，他们也需要一名测试专家来制定计划，并为测试策略设定一些边界。如何在他们所描述的边界内实际工作是非常重要的，所以我认为，专家需要参加所有的回顾活动，以确保在交换这方面的信息时他们也在场。

当我们决定如何使用架构（或围绕架构）工作时，架构师需要在场。我还要特别指出，对那些处于团队外围的人来说，在制定如何与团队中其他成员合作的决策时，他们更需要在场。

当然，有一些解决方案专门针对回顾活动中缺少专家参与的问题，但这类问题甚至与回顾活动本身无关。也许公司需要雇佣或培训更多具备所需技能的人。也许工作方式可以更方便地适应环境，例如在每个项目开始时召开一个启动会议，决定如何与他们需要的人沟通。

线上回顾

由于这种反模式是关于邀请谁参加回顾活动的问题，因此线上回顾活动与现场回顾活动存在相同的问题。有一个小小的区别是，被邀请参加回顾活动的核心团队以外的人会觉得更方便，因为他们可以远程参加，而且线上回顾活动通常比现场回顾活动的时间短。我还曾引导过这样的回顾活动，团队邀请经理只参加回顾活动的某些部分，这在线上也比较容易操作。

个人经历

这个案例来自我在丹麦一家大型公司担任敏捷教练的经历。四个不同的团队负责一个产品的不同部分，并且这些团队都是跨职能合作，组合在一起就具备了产品开发所需的所有专业知识和技能。不幸的是，公司中只有很少的人拥有这些专业知识，所以这些专家（如测试人员、UX 专家和架构师）必须同时归属于几个不同的团队。他们将自己的时间分配给三到四个不同的团队，因此，当他们不能亲临现场时，就必须依靠每个团队都遵循他们的原则，才能确保他们的指导意见得到落实。

由于每一位专家都承担着很重的责任，需要在不同的团队中穿梭，所以他们只愿意把时间花在最必要的会议上。与其他会议相比，回顾活动的价值大多会被低估，因此专家们选择了避开回顾活动。在一次回顾活动中，大家对产品用户体验方面进行了讨论，每个人都发表了自己的观点。最后，团队决定回到早期的 UX 设计，因为这将加快系统中这一特定部分的开发速度。团队将回顾活动的行动点写在了便签上，然后沿用早期的 UX 设计继续进行开发。

大约一周后，UX 专家为这个团队挪出时间，并参加了早上的站会。在这个站会上，大家分享了他们所做的工作以及遇到的障碍，UX 专家这才发现团队居然已经用早期版本的 UX 设计调整了他们的工作。接下来，大家进行了相当激烈的讨论，结果发现早期的 UX 设计之所以被抛弃，是有非常充分的理由的，这还用说嘛？！

亲力亲为

……引导师身兼数职，这对引导师和参与者来说都不是最理想的情况。团队有时需要找其他引导师来接替。

第 10 章

故事背景

Sarah 觉得自己有责任让团队走在真正的敏捷之路上。她必须严格督促大家，确保每个人都参加每天的站会，每三周在冲刺结束时，她要确保进行一次回顾活动。Sarah 作为 Scrum Master，理所应当由她来引导回顾活动，从始至终所有的回顾活动。

刚开始的时候，团队成员觉得每一次回顾活动都很有意义，很有价值，有时甚至很有趣。然而，随着时间的推移，团队对这种回顾活动的方式开始感到厌倦。他们觉得回顾活动是在浪费自己的时间，因为既没有新意又没有成效。

他们责怪 Sarah 是一个糟糕的引导师，让回顾活动变得无聊枯燥，效率低下。Sarah 也非常沮丧。她觉得自己没有从回顾活动上得到任何收获。此外，她还必须时刻注意在争辩中置身事外，在回顾活动中，引导师需要小心翼翼地避免直接卷入团队紧张或愤怒的分歧中，这让她觉得自己越来越不像是团队的一部分。

问题是，当 Sarah 总是忙于引导时，她哪里还有时间反思自己的问题呢？

背景解读

敏捷的一个重要部分是检查和自适应。定期的回顾活动是实现这一目标的一个显著方法，而且必须有人来引导它们。这个角色往往是由 Scrum Master 担任，这本身并不是一个坏主意，但它可能会产生负面影响。

反模式解决方案

应该由谁来引导回顾活动？种种理由都证明，Scrum Master 是最合适的人选。Scrum Master 可能会任命自己，因为他们相信（也许确实如此）自己是最擅长于此的。也有可能是由管理层任命，因为管理层认为引导就是 Scrum Master 的职责。在很多情况下，没有人敢于、或是愿意去尝试引导工作。

许多文章和博客将引导回顾活动描述为 Scrum Master 的职责，我合作过的许多公司也都认为 Scrum Master 是引导回顾活动的最合适人选。

结果

这种反模式解决方案有两种可供选择的负面结果。对于这两种结果，问题的本质都是你不能在回顾活动中同时身兼两职。你不能既做回顾活动的引导师，又做参与者。因为这两种角色都需要你全神贯注。

Scrum Masters 是团队的重要组成部分（希望如此），他们会深入参与到活动和讨论中。当 Scrum Master 同时担任引导师时，他 / 她仍然会希望以团队成员的身份参与其中，以便从回顾活动中有所收获。因此，结果之一就是他 / 她会忘记引导的责任——留意时间进度以及关注会议室里参会者的精力如何（参见第 14 章“窒息的房间”）。此外，当需要改变回顾活动的议程以适应形势时，Scrum Master 可能也很难做到保持客观的态度。

另一个负面结果是，Scrum Masters 竭力履行引导师的角色，以至于在投票、头脑风暴等过程中完全忘记了自己。这样一来，Scrum Master 作为团队一份子的意见就无法得到听取。

症状

如果引导师没有注意到会议室里的时间和精力等重要因素或者 Scrum Master 在回顾活动之后感到任务没有完成，那么你就应该发现自己正处于这种反模式中。你会听到团队成员发表诸如“回顾活动很无聊”“它们完全是在浪费时间”“我们应该有一个更好的引导师”这样的议论，而引导师甚至开始抱怨：“我也想从回顾活动中有所收获。”当然，其中一些意见可能是其他原因造成的，下面的解决方案也可以对这些原因予以纠正。

重构解决方案

一种解决方案是由团队成员轮流引导回顾活动，这样每个人都能从回顾活动中有所收获。偶尔做一次引导师，意味着在这些场合，你作为团队成员的收获会少一些。如果有几个人能够轮流引导回顾活动，这将是一个很好的解决方案。正如我们所看到的，并不是每个人都有相应的技能、培训和经验，但这些技能是可以教授的。在我离开组织之前，我经常教导组织的成员如何引导回顾活动，因为顾问在某些时候必须引导回顾活动。

我会从充满干劲的人选开始，一开始可能只有一两个人能拥有这种干劲，但当其他人看到第一批团队成员很享受这个角色时，通常就会有第二批人想要学习。我先教他们基础知识的课程，接着让他们观察我的做法，然后我再观察他们并给他们反馈。之后，他们就可以胜任引导工作了。

据说，内向的程序员在和你说话的时候，眼睛老是盯着自己的鞋子。相反，外向的程序员会盯着你的鞋子看。尽管偶尔检查一下参与者的鞋子也不是毫无意义，但如果你的团队主要由这样的人组成，可能就很难轮流担任引导的角色。不过，对那些想要提高自己引导能力的人来说，还是可以有所帮助的，我强烈推荐《轻松引导》（Bens 2005）、《参与式决策引导师指南》（Kaner 2007）、《专业引导技巧》（Schwarz 2002）和《协作精解》（Tabaka 2006）这几本书。

此外，还有一些工具[①]可以使回顾活动更容易进行。例如，Retrium 是一种线上工具，可以帮助选择某种特定的回顾活动，然后带你完成回顾活动每个阶段需要做的所有事情。也可以注册一个 Recesskit，这样，每个月都可以收到一个包裹，里面装着足以用来引导一次有趣回顾活动的东西。

另外还有一种在线上工具 Retromat，可以帮你选择五个活动，回顾活动的每个阶段各一个，这样可以确保你总是有新的活动灵感。我个人最喜欢的是由 Allan Kelly 制作的对话表，它就像一个桌游，可以打印出来，用来创建回顾活动以及其他类型会议所需的对话。

---

① https://www.retrium.com; https://recesskit.com; retromat.org; allankellyassociates.co.uk/ dialogue-sheets

如果团队成员轮换承担引导师的角色，还有一个额外的好处，就是每个引导师的全新方法往往会为回顾活动增添新的活力。

我经常发现，如果团队的其他成员也尝试一下引导工作，就会知道做好这件事有多难，因此他们会更加欣赏高水平的回顾活动引导。引导回顾活动看起来可能很容易，但其实不然，至少引导一次高效率且卓有成效的回顾活动是很难的。

另一个解决方案是从同一家公司的另一个团队里找人帮忙。或者你甚至可以考虑聘请一个完全的局外人，一个专业的引导师。我本人就曾经作为一名外部顾问，亲自引导过许多次回顾活动。专门提到这一点，是因为我有点倾向于这种解决方案。聘请外部顾问来引导回顾活动的确会增加额外的费用，但是，相比于在没有很好引导的回顾活动中浪费开发人员一个半小时的时间，这笔费用往往可以忽略不计。

线上回顾

因为这种反模式是关于决定由谁来做引导师，所以它同样适用于现场回顾活动和线上回顾活动。但是，二者的重构解决方案会有一些细微的差别，因为线上回顾活动即使请一位缺乏经验的引导师也无妨。在某种程度上，线上回顾活动更容易引导，因为有在线上工具（例如 Retrium）可以指导你一步一步地完成回顾活动。此外，一个经验丰富的引导师熟知肢体语言所带来的的巨大优势，在线上回顾活动中也就不复存在了，所以新手引导师在线上回顾活动中的表现，往往和有经验的引导师没有什么差别。

个人经历

在我工作过的一家公司里，我就是那个想要引导而且也能够引导回顾活动的人。我为自己的团队做引导，也开始为其他团队引导。尽管我很喜欢引导回顾活动，但这也占用了我需要做的其他工作的时间。此外，正如前面提到的，它剥夺了我与自己的团队一起享受回顾活动的机会。

我们决定与所有需要引导的团队以及所有的引导师一起创建一份共享文档（参见图 10.1）。作为这个计划的一部分，我必须指导他们中的一些人，使其成为优秀的引导师。当一个团队确定了回顾活动的日期后，他们就会预约其中一名引导师。通过这种方式，引导师可以由另一个团队的人来担任，而且将引导师集中起来还有以下几个好处：

团队 / 日期	6 月 1 日	6 月 15 日	6 月 30 日	7 月 15 日	7 月 30 日	8 月 15 日	8 月 30 日	9 月 15 日	9 月 30 日
传奇四侠	Aino		Aino		Aino		Andrea		Aino
彩虹独角兽		Rene			Rene			Rene	
FooBar	Kim		Kim		Kim		Kim		Kim
模因发生器	Rene		Aino		Rene		Aino		Rene
斗气老顽童	Bo				Bo				Bo
引导师									
Aino								×	
Rene			×			×	×		
Kim									
Bo									
Andrea	×		×	×					

图 10.1
引导师轮换表

首先，所有的团队成员，包括 Scrum Master，都能够与他们的团队一起分享回顾活动学习的乐趣，并参与决定在下一个冲刺中尝试哪些实践。

其次，引导师可以专注于引导，而不是被讨论所束缚，以至于无法掌握时间、精力、肢体语言以及引导工作中其他的重要部分。

第三，有时候团队尝试新的引导师是件好事，因为每一个引导师都有自己的风格和精力水平。在这个公司里，有些团队总是希望用同一个引导师，有些团队却希望每次回顾活动都用不同的引导师，还有些团队则没有强烈的偏好。

第四，参加其他团队的回顾活动可以为你自己的团队提供一些思路（例如群体编程，只在下午开会）。回顾活动的规则之一是必须建立信任，除非所有人都同意，否则在会议室里分享的任何事情都不应传出会场。这也称为“拉斯维加斯规则”：在拉斯维加斯发生的事就留在拉斯维加斯。根据这一规则，我并不是建议你应该跑回你的团队，告诉他们另一个团队在被什么问题困扰；但是，如果你引导回顾活动的团队提出了一个有意思的实践或者是一个有趣的同行评议方式，那么也许你可以“借用”一下。

有一个相关联的反模式“好奇的经理”（第15章）。在这个反模式中，经理有时会提出由自己来做回顾活动的引导师，以便“弄清楚工作进展”，甚至直接吩咐团队该怎么工作。但正如在本反模式中所讨论的那样，管理者担任引导师并不总是有什么好处的。

延期死亡

……团队忙于所谓“真正的工作”，以至于回顾活动被一再推迟。引导师应当帮助团队看到回顾活动的真正价值，它们就是“真正的工作”。

第 11 章

故事背景

这个小团队出现了一些问题。提交给版本控制系统的一些代码质量不够好，无法与系统的其他部分集成。随后，测试和集成失败，更改不得不回滚，这不仅意味着功能无法发布，也意味着会连带影响依赖于它的代码。人们的挫折感不断累积，开始寻找导致坏代码的原因。在这种情况下，一些人认为，团队中的一个成员 Peter 应该改为承担更简单或是不相关的工作。团队成员变得越来越沮丧，但是，因为他们知道即将举行一次回顾活动，届时他们可以好好讨论这些问题，所以他们忍耐着等待回顾活动的到来。

在下一次回顾活动中，整个会议室几乎因为指责而爆炸，大量的攻击性情绪被宣泄出来。回顾活动本身当时还算取得了成功，因为 Sarah 成功地将指责转移到对代码质量以及它对系统意义的建设性讨论中。团队提出，为了实现更好的代码质量，要在下一个冲刺中进行相关的实践。其中包括代码标准和结对编程。但在这次回顾活动中，团队没有发现新的问题，也没有分享任何消息。这仅仅是一次针对那个特定问题的集中讨论。

背景解读

团队已经体会到，回顾活动是一个可以分享经验教训的场合。他们喜欢这样的安排，因为这意味着他们可以用一种有条理的方式来讨论问题。此外，许多团队成员都不愿意谈论出了差错的事情，所以推迟这方面的讨论让他们感觉很好。

反模式解决方案

经过一段时间的定期回顾活动之后，团队慢慢地会倾向于接受，回顾活动的确是用来讨论问题的，正因为如此，他们不希望在冲刺期间“浪费”时间去讨论问题。

症状

当一些令人愤怒或沮丧的事情发生时，他们只是试图得过且过，直到下一次回顾活动到来。

结果

这种反模式解决方案有两个主要的负面结果。一种结果是，如果需要等待 3 周才能着手解决问题，那么问题的解决方案就会被延迟，然而出现的问题可能是一个更严重问题的症状，需要立即予以解决。这可能是因为某人压力太大而无法正确地完成自己的工作或者团队工作的方向错误。结果为了等待某个合适的时机再来解决这些问题，导致宝贵的时间被浪费掉了。

第二个结果是，如果把所有事情都推迟到回顾活动的时候再处理，你可能会在回顾活动中产生太多的问题，这就造成从回顾活动一开始就没有足够的时间去探索未知的东西。回顾活动中的美感与能量正是来自于全局着眼或从别人的角度看问题。对知识的分享和对事件的反应，与你根据知识基础所选择的实践一样重要。

症状

如果收集数据的感觉就像一场爆炸，只有一个或非常少的主题，这就是我们已经进入延期死亡反模式的标志。如果在冲刺期间与团队紧密合作，你可能会无意中听到诸如“我们等到回顾活动时再讨论这个”或“这是回顾活动要处理的问题”之类的议论。在回顾活动中，你可能会注意到有些问题没有得到解决，原因是问题太多了。

这个反模式本身就是一个问题的症状：如果一个团队要等引导师计划好回顾活动后才开始讨论重要的问题，那么他们就不是一个自组织的团队。所以，当你作为引导师注意到这种反模式时，可能需要和团队一起解决这个问题，即使他们自己并没有意识到这一点。

重构解决方案

回顾活动应该每两周进行一次。当回顾活动的时间间隔超过两周，你就会越来越难记住发生过什么以及自己当时的感受。有些团队，尤其是那些练习 mob 编程的团队，每天早上都要进行一次回顾活动，看看他们能从前一天学到些什么。在这种情况下，回顾活动的周期自然会很短。

有些团队每 3 周甚至 4 周进行一次回顾活动，因为这是他们选择留出的学习时间。那么从问题出现到找到解决方案之间的时间就会变得非常漫长。与其等到回顾活动的时候再来讨论出现的问题，不如在问题发生时就立即解决。例如，你可以使用一个连续回顾活动时间轴，如图 11.1 所示。《拥抱变革》和《从 1 到 100，用心求变》的作者之一 Linda Rising 向我描述过这个解决方案，只是后来她将其称为“实时回顾活动”。

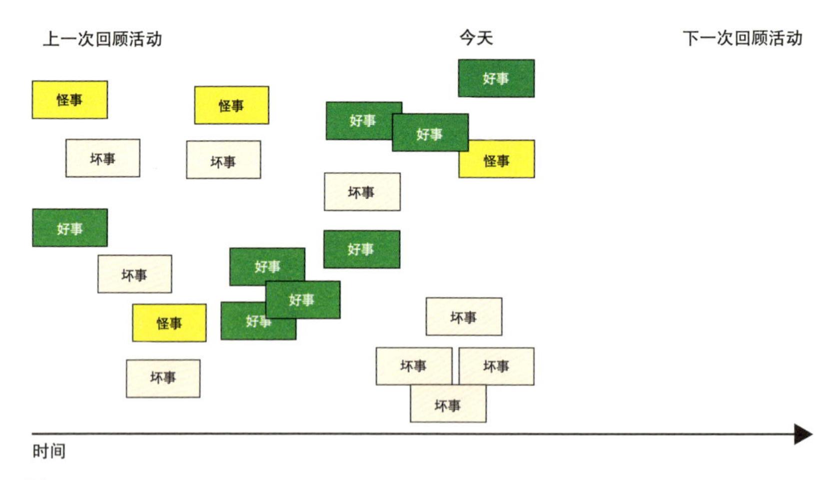

图 11.1
连续回顾活动时间轴

这是在《敏捷回顾活动》（Larsen & Derby 2006）中描述的回顾活动时间轴的一种实施。只有让每个人每一天都看到它，才能发挥其最大的作用，所以如果可能的话，应该把它放在项目室里。如果不能，也可以在网上发布。在项目室里设置一个连续回顾活动时间轴，如果团队成员经历了一些让他们开心、悲伤或愤怒的事情，他们就可以在事情发生时在时间轴上贴一张便签。通过这种方式，你与成员可以对冲刺期间所发生的事情有一个共同的愿景。应该允许匿名添加便签，而且需要有人负责维护时间轴，确保上面没有指责的内容，就像社交网络上的版主一样。

当一大堆红色的便签在一个连续回顾活动时间轴上累积起来的时候，不管下一次回顾活动安排在什么时间，都应该是时候进行一次讨论了。在创建时间轴的过程中大家应该清楚，如果任何人认为这个问题需要一次更长时间的讨论，他 / 她都可以立即召开会议，甚至是回顾活动。这种解决方案有两个好处：（1）问题得到了及时的处理；（2）在定期安排的回顾活动之间有时间处理新的问题。

我知道有些公司使用的是实时时间轴，这样做能够缩短下一次回顾活动，因为问题在冲刺期间的临时回顾活动中得到了解决。然而，大多数时候回顾活动都是按计划进行的，因为我们通常需要一些时间来进入正确的思维模式，以便从回顾活动中获益。

线上回顾

对于线上回顾活动，我经常在上一次回顾活动结束后，立即设置计划在“收集数据”阶段使用的在线上文档。通过这种方式，团队成员可以在两次回顾活动之间的时间里向文档中添加项目，从而让每个人都可以关注正在发生的事情。不过，根据我的经验，必须不时地提醒团队注意在线上文档，让他们记得去添加项目。

个人经历

我能感觉到团队存在的一些问题。我为这个团队引导回顾活动大约有一年时间了。虽然一开始并非如此，但现在他们很期待回顾活动，并把它看作是一个发泄、分享、欢笑并提出一些实践的机会，回顾活动以缓慢而温和的方式将这个优秀的团队变成了一个超级棒的团队。换句话说，他们是真正地接受了回顾活动。

我们和往常一样开始回顾活动，先是一轮与冲刺相关的讨论（有时候讨论是不相关的，但这不是此处的重点），然后我们对上一次回顾活动中决定的实践进行了分享，以了解实践是否达到了预期的效果。

有时这种开场需要很长时间，因为人们经历事件的方式不同，但这次进展得非常快。三个实践已经完成了两个；第三个实践一直没有机会实施，我把这一点记录在我的小黑本上。接下来就该收集上次回顾活动以来的数据了。我们使用了时间轴，这是我个人最喜欢的工具之一，也是这个特别的团队每做三次回顾活动就想使用一回的工具。他们喜欢尝试新事物，但也非常重视提前知情。

正是时间轴让我第一次注意到那个被忽视的问题的存在。事实上，从时间轴上看，所有的一切都与这个问题有关。每个人都把最近管理层的变动作为一个焦点区域。原来，他们老板的老板在一周前辞职了或者是被解雇了，他们也不清楚，大家都很担心这会对他们产生什么影响。

上一次发生这种情况是在不到 6 个月前，并对团队造成了非常不愉快的影响。他们的直接领导被解雇了，还有一名团队成员被调到了另一个部门。

整个团队，所有的人，都想讨论这个话题，我很高兴能让他们有足够的安全感，可以分享他们的担忧。

然而，让我不太开心的是，他们认为只有等到进行回顾活动时才能有机会讨论管理层的变动和可能产生的影响。

我一直希望定期的回顾活动能加强反思的力量，让人们习惯于每天反思，并改变那些需要改变的东西。对我来说，这个团队的情况，就好比非要等到周一才开始节食减肥一样：推迟并不能改善体验，也无法提升效果。

草草了事

引导师为了尽量不让团队“浪费”时间，只好仓促地完成回顾活动。引导师最终拿定主意，要进行一次像样的回顾活动，就必须给讨论留出足够的时间。

第 12 章

故事背景

团队经历过的所有这些不同类型的反模式，都让人们对回顾活动充满了警惕。甚至 Sarah 也因为负面反馈和之前的反模式让她陷入了不愉快的境地而失去了最初的热情。因此，当开发人员要求将回顾活动时间从 1 个半小时缩短到 1 小时，让团队有更多时间做“真正的工作”时，她同意了。

几个月后，大家又决定，半小时的回顾活动就足够了。于是慢慢地但毫无疑问地，回顾活动演变成了站会，唯一的区别在于参会者从“站立”变成了可以“坐”下来。他们（那些没有更重要的事情需要做的人）会走进同一个会议室，然后轮流说说自己的情况如何。在进行这种回顾活动的日子里，他们会跳过早上的站会，因为他们已经有了一个类似状态的会议了。这种反模式在 Stefan Wolpers（2017）关于冲刺回顾活动反模式的博客文章中描述为草率回顾活动。

背景解读

作为开发人员，我们经常被这样教导：我们唯一创造价值的时候就是我们写代码的时候。因此，用于编码的时间比其他任务的时间更重要，而花在回顾活动上的时间似乎纯属浪费。如果人们在回顾活动上花的时间太少，他们从中得到的收益就会很少，这是一条自我应验的预言。正如第 1 章“幸运轮盘”所述，糟糕的回顾活动是在浪费时间，而有的时候糟糕的回顾活动甚至比什么都不做还要更糟糕，正如第 2 章“无视最高指导原则”所述。

反模式解决方案

如果回顾活动开始变得乏味，团队通常会决定减少在回顾活动上花费的时间，这种减少时间的做法会一直持续到回顾活动彻底沦为了投诉会议[1]或进展状态会议。最后，回顾活动消失了，学习和适应的机会也减少了。此外，故事的分享也变得更加困难，回顾活动所承诺的改进现在只有在一个经常交流、紧密合作的团队中才可能实现，无论是现场回顾活动，还是支持分布式工作的回顾活动都是如此。

结果

看起来实际用于回顾活动的时间是节省下来了，但节省的时间却被本可以通过回顾活动来避免的错误和沟通不畅所导致的误解所抵消。当人们因为对工作环境或团队内部的交流不满意，而带着他们的知识和技能离开时，省下来的额外时间也就损失了。

症状

你会听到有人说：“让我们跳过这次回顾活动吧。我们现在很忙，我们可以在交付后再做。”或者“我们不能在更短的时间内完成吗？少 15 分钟又能有多大区别？”你甚至可能会注意到，参加回顾活动的人正捧着笔记本电脑工作或着紧盯着手机，等待着对他们真正重要的事情。

重构解决方案

回顾活动不受欢迎，甚至正慢慢消失，该如何解决这个反模式解决方案？当出现这样的趋势、而事先没有具体的决定或讨论的情况下，我倾向于回到基本问题上。询问团队他们为什么认为自己需要回顾活动：是因为管理层要求他们必须这样做？还是为了团队自身的利益？

我还会询问他们是否从回顾活动中收获过什么或者是否曾经对彼此的了解、团队成员之间的合作或者影响他们工作的沟通动力等任何

① 也被 Daniel Terhorst（North AKA Dan North）称为“失望回顾活动”。

方面感到惊喜。

对他们来说，这些问题很难回答，因为如果他们已经有了肯定的答案，团队就不会试图取消回顾活动。

作为一名引导师，你可能需要提醒团队关于实践和在回顾活动中发生或分享的事情。只有当你在你所引导的回顾活动中详细记录了行动点、实践、惊喜或亮点时，你才能做到这一点。你不需要在回顾活动过程中做大量的笔记（你也没有时间做这些），但你可以对重要的事情做简短的记录，并在每次回顾活动后写下他们决定尝试的内容。

你也可以用新的活动、新的引导师或者外部引导师来重新启动回顾活动，就像亲力亲为反模式（第 10 章）中所描述的那样。有时候，通过回顾活动进行反思的决定如果能获得管理层的支持也是有帮助的。诺姆•柯思（Norm Kerth）曾经非常明智地对我说："你无法推销回顾活动，没有人想要回顾活动。但是，你可以向他们推销他们已知问题的解决方案。当然，他所说的"推销"是指"说服人们，让他们相信这是值得的。"

在这种情况下，你还可以使用评估，比如敏捷流畅度诊断（第 7 章"百尺竿头"），使团队能够直观地了解回顾活动在哪些方面最有帮助。

线上回顾活动

由于这种反模式是关于计划回顾活动应该安排多长时间，因此线上回顾活动和现场回顾活动之间的区别在此背景中并不明显。请记住，由于人们的注意力通常只能保持很短的时间，线上回顾活动必须比现场回顾活动的时长短或者应该有一个休息或类似休息的安排，并留出时间让人们放松说笑。休息时间通常是有些人为了节省时间去做"真正的"工作而首先想要舍弃的一段时间，你可能必须坚持己见才能把这些额外的时间保留在回顾活动中。就像在现场回顾活动中一样，必须让团队相信花在回顾活动上的时间是有价值的，而休息时间也有其存在的理由。

个人经历

我经常身处这种“草草了事”反模式。当同一个引导师与团队一起工作并长期重复相同的活动时，往往就会发生这种情况。回顾活动似乎没有什么价值，因此往往被认为是浪费时间，至少对时间的利用不如实际的编码来得有价值。

有一次我听到一个传言，说团队在回顾活动中收获太少。我决定在下一次回顾活动开始时，先询问他们希望在接下来的一个半小时中得到什么。两名成员的回答是“什么也没有。”如果我是一个经验不足的引导师或者对这些人不太了解，这个答案一定会把我吓坏的。

但是，相反，它激发了我的好奇心和动力，让我渴望把这次回顾活动打造成一个非常出色的回顾活动。

每当他们决定讨论或不讨论某件事的时候，我都确保他们非常清楚自己的决定。我还保证当他们结束会议时，会决定一到三个可操作的实践，并且有专人负责每个实践的进行，为其建立时间框架。在回顾活动之后，我询问团队想从这些实践中得到什么，由于他们所决定的实践可以追溯到问题和挑战，所以很容易回答。根据我的经验来看，如果回顾活动的价值足够明显，即使是最受代码驱动的开发人员也会被说服。正如我们在第 20 章“消极者”中所看到的，最严厉的批评家也可以变成回顾活动的最佳支持者。

还有另外一个团队，多年来我一直在引导他们进行回顾活动，但他们却认为没有任何成就感。在接下来的回顾活动中，我把他们在过去 6 个月里决定的所有实践都列在白板上，每个实践用一张便签来代表。然后我在白板上画了个图，图中留出一些空间放那些已经完成的项目，另一些空间放那些现在已经无关的项目，还有更大的空间放那些仍然相关的项目。在放置相关项目的空间里，我画了一条竖线，上面写着“长期”表示长期目标，下面的“行动点”表示今天可以开始的实践，如图 12.1 所示。

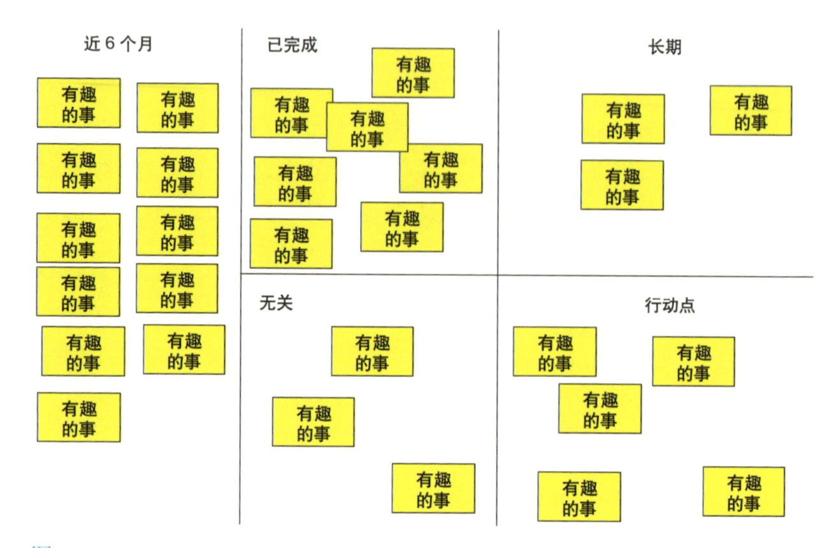

图 12.1
之前回顾活动中的行动点

现在团队练习的任务就是查看所有这些便签，并找出它们应该属于哪一类。大多数都被归类为“已完成”，团队会简短地讨论他们从这些项目中获得了什么；即使是像“每天早上说早安”这样的小事，也被证明会对团队产生好的影响。一些由于时间关系或遗忘而没有做的实践，被证明已经不再相关，于是我们在这上面花的时间很少。最后，我们找到了一些他们可以立即尝试的实践，还有一些实践因为的确太大而无法进行，需要召开专门的会议来找出实现它们的最佳方法。

在这次活动之后的总结中，我们讨论得出的结论是，即使很微小的改变也会产生巨大的影响以及我们在今后应该如何更加注意，使实践立即具备可操作性或者计划一个后续会议，将实践分成更小的步骤来执行。

忽视准备

……引导师最初忽视了线上回顾活动所需要的各项准备工作，但在之后的回顾活动中学会了如何明智地进行准备工作。

第 13 章

故事背景

一位正好住在世界另一端的专家加入了团队，现在 Sarah 必须和新的团队成员一起引导分布式回顾活动。通过多年以来为团队引导回顾活动所积累的经验，她对团队成员很了解，知道哪些活动对他们来说是有效的以及他们认为哪些活动对他们有效。她还不清楚这些活动在线上回顾活动中效果如何，但是，她太忙了，没有时间去学习分布式回顾活动与现场回顾活动有什么不同。她通过分享一份空文档并使用视频会议工具邀请团队成员参加，建立了一个分布式的线上回顾活动。

在回顾活动即将开始的时候，Sarah 登录到视频连接和她要求团队成员使用的文档上。糟糕的是，当回顾活动开始时，只有新来的专家和其他两名成员在线上。其他团队成员在接下来的 6 分钟内陆续到场，但是，Sarah 准备用来开场的那一轮问题不得不重复了两次，因为在她认为所有能够到场的人都已经加入会议之后，更多的人还在继续加入进来。

等所有人都出现在视频会议中的时候，她只能在共享文档中看到五个人，当她向他们询问时，她可以听到其他人正拼命地想进入文档。因为有的人放错了链接，有的人忘记了密码，在这个过程中又耗费了 5 分钟。回顾活动的 60 分钟里已经损失了 11 分钟，这让 Sarah 有点沮丧，但她尽量不让团队注意到这一点。在“收集数据”阶段，她希望每个人分别在“喜欢什么”“不喜欢什么”以及“你们有什么问题”这三项中写出自己的想法。当第三项添加到文档中时，新来的专家开始对问题进行长篇大论地描述，然后 Rene 也会进行补充。

Rene 和专家开始了他们的小讨论，Sarah 却无法阻止，因为她无法在这个在线上场合通过自己的肢体语言来引导团队的注意力，并提示他们需要继续议程。她发现自己很难改变网络环境，因为手上只有一个共享文档，这让她无法像在现场回顾活动中那样，抛出一个新的活动，让大家分小组讨论或是写出更多的问题。

到回顾活动结束时，团队只讨论了一个主题。事实上，大多数参与者在回顾活动结束之前就已经开始查看自己的电子邮件，而且没有形成对行动点、实践或经验教训的真正总结。回顾活动的动力，如果曾经有过的话，也已经消失了。

背景解读

团队在地理上的分散状态，导致回顾活动必须在线上进行，这种情况变得越来越普遍。在线上环境似乎不符合引导回顾活动的最佳实践，因为引导回顾活动在很大程度上涉及到阅读肢体语言、倾听人们没有说出来的意思、观察人们选择站在哪里以及和谁站在一起、选择与谁说悄悄话等。所有这些活动在网上都很难或是根本无法进行。此外，回顾活动还有一个重要部分，人们在过程中不使用手机或阅读电子邮件，以此来表达对彼此的尊重。这种应当做到的礼节也很难在线上回顾活动中实现。

此外，线上回顾活动一定要简短。我一般会让时间保持在 45 ～ 75 分钟。如果不让参与者有机会起身走动一下，即使是现场回顾活动也很难让他们保证将注意力集中在活动上。虽然我认为未来的技术可能会解决这个问题，但现在我们还没有达到那一步。此外，安排较长时间的在线上会议也很困难：由于地理分布的原因，人们可能在不同的地方存在着时间冲突的全体会议或者他们可能身处不同的时区，所以安排回顾活动的时间，还必须适应人们吃饭、睡觉、去幼儿园接孩子等各种需要。

忽视准备反模式在分布式回顾活动中经常反复出现，并且具有重大的影响。有时，可能因为原定的引导师身体不适，新的引导师就在措手不及的情况下被安排去引导线上回顾活动，根本没有时间做准备。此外，如果引导师之前从未引导过线上回顾活动，他 / 她可能没有意识到这种环境所带来的额外挑战。

反模式解决方案

有时还会发生这样的情况：回顾活动被设置为邀请人们使用视频会议工具（Meet， Zoom， Skype， Teams 等），并在被邀请的成员之间共享文档（谷歌绘图，Miro，Mural 等）。也许有人已经讨论过回顾活动的主题，但除此之外，它通常是一个“露面就行，我们总能搞定”的标准范例。

结果

如果是现场会议，你可能会因为看到同事起身走进会议室而受到提醒。而线上回顾活动的唯一提醒方式是在日历上设置的各种类型的提示信息。结果，人们总要等到最后一分钟才来参加在线上会议或者更多时候，还会迟到几分钟。

这就可能导致在一场最初安排为 60 分钟的回顾活动中，引导师启动回顾活动时已经比计划的时间晚了 5 分钟，而且最多只有 10 个人参加。但是，引导师仍然需要在剩余的时间内设置场景、收集数据、生成洞见、做出决定，最后结束回顾活动。如果没有足够的准备，回顾活动可能会变成这样：“好吧，欢迎参加回顾活动。谁有什么想分享的？”有人开始谈论自己感兴趣的话题。如果引导师没有在合理的时间内让这个人停下来，听听其他人想要分享什么内容，那么回顾活动很可能就会围绕第一个人提出的主题展开。

在现场回顾活动中，引导师可以更容易地发现其他人正在等待分享，并确保人们在讨论中保持一致，因为在面对面的会议中更容易读懂人们，并相应地改变活动。当然，现场回顾活动也需要准备，但是，如果引导师可以观察会议室里所发生的动态，并找到适合该情况的活动时，他 / 她的工作就可以大大简化了。

如果回顾活动在一开始就围绕着一个特定的主题展开，可能这确实是一个非常重要的主题，人们的确需要讨论它，但因为没有听取其他人的意见，所以无法让参与者达成共识，认同这是与他们的讨论最相关的主题。

如果回顾活动没有按时结束，它也会随着人们的突然离线去参加其他会议而意外终止，因为从社交角度来说，离开线上会议比离开现场会议要容易得多。在最坏的情况下，这些线上回顾活动要么成为喜欢说话的话痨（第 18 章）的个人演讲；要么成为少数团队成员之间的讨论，无法达成对于实践的完全一致的意见。回顾活动也就变成了状态会议，这是回顾活动的邪恶孪生兄弟，只会消磨掉人们的精神。

症状

回顾活动开始的时间比计划晚，因为人们迟到了。当他们加入时也会出现各种状况，要么无法登录共享文档，要么没有共享视频（参见第 16 章“躲猫猫”反模式），要么就把自己调成静音模式。有些人保持沉默是因为没有安排他们可以参与、分享的活动。议程得不到遵循，回顾活动当然只能戛然而止。

重构解决方案

可以从很多方面为回顾活动做好准备。例如，创建一个共享文档[①]，并且至少提前一天发送一封电子邮件，在邮件中附上共享文档的链接，要求团队成员确保他们能够访问该文档。如果团队在上一次回顾活动中被提醒需要为下一次回顾活动做某些准备，那么你也可以在邮件中提醒他们。你还可以要求他们在回顾活动之前就开始填写文档。这样的话可以在回顾活动中节省一些时间，而且对有些人来说，当他们安静地独自坐在日历前，可能会更容易地填写关于积极和消极事件的文档。然后，当回顾活动开始时，你可以留出一些时间让他们阅读所有的输入。通过这种方法，可以让每个人都预先做好准备。这种方法的效果很好，Amazon 等公司已经开始实施，专门留出每次会议的前 10 分钟时间让大家阅读文档，以便让每个人做好准备，以正确的心态对待会议内容。

在回顾活动当天，提前 15 分钟再发一封邮件，提醒团队现在正好去喝杯咖啡。

① 我更喜欢用谷歌绘图，因为当你需要快速修改一些内容时，它能给你更大的自由度，而且用它来模拟便签在白板上的操作也很方便。不过，也可以用 Miro、Mural 和 Trello 来制作白板。

否则的话，人们会直到最后一刻才想起来该去参会了。然后，他们会想要先去喝杯咖啡，等他们起身后，又会注意到自己需要去洗手间。这样一来，回顾活动的前面 5 ～ 7 分钟已经就已经浪费掉了。

为回顾活动准备一份详细的时间表也很重要。你需要清楚回顾活动的每个阶段各分配了多少时间，并尽最大努力遵守时间安排。如果发现时间不够，你可以询问团队，他们想怎么办。延长线上回顾活动通常是不可能的，所以明智的选择是只选择其中一个主题在白板上进行讨论或者安排后续的回顾活动。这两种选择都要比来不及做总结就让所有人退出会议、匆忙结束回顾活动要好得多。

和往常一样，应该为回顾活动准备一个后备计划或者另一个议程，不需要做太多要求就可以改变的议程。引导回顾活动，就像大多数软件开发一样，应该是敏捷的，正如 Joseph Pelrine（2011）所描述的那样，计划应该遵循行动和反馈循环。在 Cynefin 框架（Kurtz & Snowden 2003）中有更详细的描述，在这个框架中，复杂系统应该以一种探索 - 感知 - 响应的方式来处理：尝试某些事情、感知发生的事情、然后对现实做出响应；而不是去遵循一个复杂的计划。

最好每个人都有自己的摄像头并待在不同的会议室里开会。这可能很难实现，但它可以防止待在同一现场中的小组成员进行单独的并行讨论。

如果选择在其中一个会议室里准备一个实体的白板，而不是在线上共享的文档，可以给不在现场的每个人都安排一个人做他 / 她的虚拟化身，也称为代理，可以代表他 / 她处理事情。在这两个人之间建立通话或聊天，让“化身”为其所代表的那个人写便签。

总之，你应该尽最大努力让每一个人在线上回顾活动中保持平等，即使你一开始觉得可能性不大。线上回顾活动的一个好处就是所有的讨论都采用轮询的方式进行，而不是在全体会议上进行自由讨论，这样看起来会更加自然。

轮询是 Bergin and Eckstein（2012）描述的一种教学模式，我在教学中广泛使用这种模式。

轮询

轮询是要求人们轮流发言、以确保每个人的意见都得到听取的一种方法。每个人都要回答一个问题，选择一个主题或者对某件事发表意见，一个接一个地发言。如果人们是围桌而坐，可以遵循座位的安排；如果是在线上进行，可以根据你列出的出席人员名单的顺序。有时候，你有必要为每个人的发言设定一个时间限制——比如，允许每个人有一分钟的发言时间，但大多数时候，人们会注意到时间是有限的，而且在轮询中每个人都必须发表意见。有时候，你很难让人们耐心等待别人停止发言，因为他们害怕可能永远没有机会分享自己的想法。但在轮询中，每个人都知道自己会有发言机会，所以他们安心地倾听其他人发言，而不必担心轮不到自己。

请注意轮询存在的一个潜在危险。有时，你认为某个人的发言真的非常好，在这种情况下，你可能会想要感谢这个人或者指出他/她的输入是多么优秀。但是，你要尽量避免这种诱惑，让每个人的发言都显得同样重要或有趣，以免妨碍任何人参与及发表意见。你也可以选择在每个人发言之后都对他们表示感谢。记住：要么感谢所有人，要么一个都不要感谢。

线上回顾

由于这种反模式本就是在线上回顾活动的背景中，所以所有内容都适用于线上回顾活动。对于现场回顾活动，重构解决方案中的许多建议都是有帮助的。例如，提前一天提醒人们回顾活动的时间，仍然是一个好办法，特别是当团队决定尝试某些实践时。这样就能让负责反馈实践运行情况的人有时间提前做好准备。在现场回顾活动中，让每个人都保持平等也很重要，这一点可以通过确保每个人的意见都被听取来实现，就如第 18 章“话痨”和第 19 章“沉默者”中描述的那样。

个人经历

我受邀引导一次线上回顾活动。我花了一些时间与邀请我的人进行交谈并发送了电子邮件，以便在现有情况下尽可能去引导最好的回顾活动。在大多数情况下，当我引导线上回顾活动时，我都是在我的家庭办公室里进行，但在这个案例中，我被要求在公司的办公场所做引导。

当我开始分布式回顾活动时，有三个人和我在同一个会议室，另外两个人在同一个地方，最后两个人是单独的，也就是说我们 8 个人分布在 4 个地方。其中一人是用手机来参加的，我们后来才发现，他当时在一家咖啡店里。如果这是一个团队只需要从我、他们的 Scrum Master 或经理那里获得单向信息的会议，这样安排可能没有太大问题。但在回顾活动的环境里，所有人同等重要，每个人都应该有平等的机会去倾听和倾诉。

通常的情况是，那些关掉自己摄像头的人也不会看其他参会者的视频，所以我们对他们来说只是一段音频。咖啡店里的参会者几乎是个隐形人，他不仅关掉了视频，而且由于研磨咖啡豆的噪音太大，他还开启了静音模式；另外一个人则坐在她的电脑前面。因此，每当我向他们询问反馈或关于某件事情背后的故事时，我总是需要问他们两遍。收到的典型回答是“哦，请再说一遍，我没听懂”或是“啊，你在跟我说话啊。请再说一遍。”

这种场景在没有充分准备的分布式回顾活动中是非常典型的：你可能已经创建了一个文档和一个虚拟会议，但你并没有让参加会议的人做好准备，他们应该知道，自己需要做什么才能让每个人都从回顾活动中受益。

当我作为一个普通的参与者时，我会在无聊的线上会议中一边听一边玩空档接龙。因为我知道，这样可以消除无聊的感觉，同时还能让我保持足够的警觉，在需要的时候立刻加入进去（当然，作为引导师，我永远不会这么做）。我丈夫在开无聊的会议时，会在 YouTube 上看 30 分钟长的分形放大视频。如果你想尝试这个方法，千万记得把声音关掉！

令人窒息的房间

……团队成员在回顾活动中会感到疲倦、饥饿和注意力不集中，因此引导师应确保为他们提供食物，让他们呼吸新鲜空气，使他们能够更加专注。

第 14 章

故事背景

那是丹麦的一个寒冷冬日，让人迫不及待地想要躲进屋里去。刚好是上班时间[①]，外面又下起了一场真正意义上的暴风雪。有句古老的丹麦谚语："没有坏天气，只有穿错衣。[②]"如果你愿意打扮成一个极地探险家，这句话仍然适用。

在回顾活动进行的过程中，每个人都忍不住望向窗外的雪，但打开窗户绝不是一个明智的做法。所以，回顾活动在窗户紧闭的环境中进行。这次回顾活动的时间非常长，因为涵盖了整个项目。大约一个半小时后，会议室里的人开始昏昏欲睡；他们似乎并没有真正参与进来，而且对彼此都有点不耐烦。两个小时后，Peter 和 Andrea 都睡着了，而团队的其他成员希望停止回顾活动。Sarah 决定停下来，他们同意改天再继续。午饭过后，暴风雪停了，太阳出来了，他们在户外玩了一个小时，堆雪人和雪天使（图 14.1）。

改天再继续回顾活动的事，完全被他们抛之脑后。

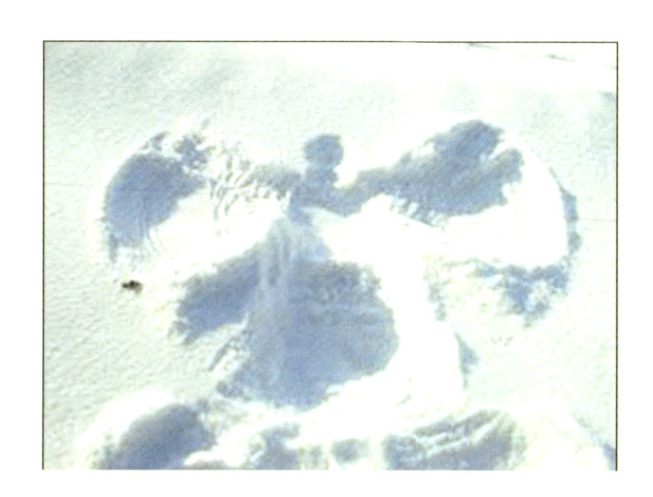

图 14.1
雪天使

① 最顽强的人仍然能够骑自行车上班。如果你不相信，可以谷歌一下人们在雪地里骑自行车的照片。

② 它在丹麦语中是押韵的：Der findes ikke dårligt vejr，det hedder kun forkerte klæ'r。

背景解读

我们有时会忘记自己的本质是动物。我们的大脑整天工作，却往往忽略了自己身体的需求。我们需要氧气和食物，需要去洗手间；女性通常比男性更需要保持房间的温暖；我们不要忘记吸烟者，他们需要时不时吸一支烟，以帮助他们思考。有时候，我们忘记了这一切需求，尽管身体并不是处于最佳状态，还是努力逼迫自己提出有创意的想法或是去讨论痛苦的事情。

反模式解决方案

反模式解决方案是为了完成任务而继续进行回顾活动，而不是要求休息。其实很明显，完全可以打开一扇窗户透透气，吃点零食或者短暂休息一会儿。问题在于，你需要在自己感到饥饿、脱水、缺氧或急需上厕所之前就做好计划，因为一旦已经受到这种反模式的影响，你可能就无法帮助其他人了。

结果

房间里缺少氧气，人们会感到困倦，甚至会头痛。此外，如果回顾活动安排在通常吃午餐或下午点心的时间举行，人们可能会饿怒①、缺乏灵感或无法集中精力。这样做的后果是，团队成员在交流时无法听取彼此的意见，也无法遵循最高指导原则，最终，导致回顾活动变成了一个浪费时间的会议。

症状

如果发现某个参会者睡着了或者有人因为看起来很小的问题而感到很生气，这可能就是人类需求没有得到满足的信号。

① 愤怒来源于饥饿。

重构解决方案

重构解决方案很简单——总算是有一个简单的了。如果天气允许而且规定也允许的话（我听说在美国的办公楼里是绝对不能开窗的），可以开窗通通风。如果不可以开窗，那就在回顾活动开始之前确保房间已经通风或者在回顾活动开始 45 分钟后邀请人们到外面去透气。务必不要将回顾活动安排在午餐时间，如果你实在无法避免午餐会议，那就准备一些健康的零食。不健康的零食也是有用的，尤其是在下午或者是你预计会有痛苦的讨论的时候[①]。有些组织或团队订立了相关的工作协议，例如，凡是超过 45 分钟的会议必须包括休息时间。

有一种方法可以确保在需要的时候有休息时间，那就是让参会者要么全都站起来，要么全都坐下去。如果只有你一个人站着，而整个团队都坐着，你就无法很快注意到团队的能量水平已经很低了。

重要的是，作为一个引导师，你要提前计划好休息时间，因为在专注于引导时你可能难以顾及到这个问题。因此，对于每一次回顾活动，都要考虑氧气含量、饥饿、疼痛和休息时间。Linda Rising&Mary Lynn Manns（2005）一书中提出的“准备食物”模式，也支持了这方面的考量。

线上回顾

如果回顾活动是在线上的，你就无法为参会者提供食物，也不可能打开他们的窗户透气，所以你必须计划好如何解决这个限制条件。要注意人们在在线上会议上能够保持多长的专注时间，如果没有休息的话，可能不超过 45 分钟。但是，休息可以是多种多样的，比如，可以是一起开怀大笑，也可以是站起来做些运动。它并不一定是指每个人都离开会场后再回来的那种休息。如果希望团队成员在一天中晚些时候参加回顾活动，你可以鼓励他们带点零食。在回顾活动开始的时候，对零食的介绍可以是一个有趣的破冰过程。如果你多尝试几次这样的安排，团队成员甚至可以用带来的零食来发挥一些

① 糖是天然的止痛药。

小创意，这样做不仅仅能收获到快乐的笑声，还能收到其他同事向你们投来的羡慕目光。

个人经历

我不得不承认，这是我自己时常遇到的一种反模式。我总是太专注于计划好的活动、会议室里的精力以及团队成员之间的交流（口头或非口头的），以至于我往往忘记了我们还有更原始的人类需求。

此外，我在血糖水平方面非常敏感。如果我的血糖下降，我就会变得无法思考，然后饿怒。通常，我在注意到别人的行为变化之前，就会先注意到自己的行为变化。我可能会默默希望人们停止说话，因为他们说的话都是非常愚蠢且令人讨厌的；或者我可能会注意到，我想在人们说的每句话中加入反讽或挖苦的评论。现如今，反讽和挖苦并不一定是出于恶意，但如果你用得过多，它们听起来就像是批评。

在我理想的场景中，我总是在回顾活动前 15 分钟就预订好回顾活动的会议室，这样，我就有时间打开窗户、交换新鲜空气以及准备其他我认为需要用到的东西。我可能需要把椅子围成一个圆圈，在桌子上放好笔和便签或者在海报上写下最高指导原则。

我会设法拜托赞助商（这是我对于邀请我引导回顾活动的人的称呼）为下午晚些时候举行的回顾活动准备一些点心。当赞助商把它们摆在桌面上时，他 / 她往往会因为这样的体贴周到而备受赞誉。在某些情况下，如果你发现赞助商比你更需要这样的功劳，那么就让大家归功于赞助商也无妨，即使你认为这份功劳其实是你应得的。最主要的是，这样的安排能够使团队成员更快乐，更能集中精力，以一种更加愉快的方式学习和交流。

好奇的经理

……经理对回顾活动中发生的事情很好奇，想加入进来听一听，而引导师要以一种友好而坚定的方式对经理说“不”。

第 15 章

故事背景

团队的新老板 Janni 对回顾活动中发生的一切都感到很好奇。她注意到，在回顾活动之后团队总是会发生一些变化，她还经常被要求为团队做一些事情。她认为，如果她能够参加回顾活动，她就可以更快、更有效地帮助他们。Sarah 接受了 Janni 的说法，同意她参加下一次的回顾活动。

但是，奇怪的事情发生了。Andrea 和 Peter 比平时沉默多了。

当她询问原因时，他们的回答很含糊。回顾活动按部就班地进行着，似乎一切都进展顺利，但是，讨论的只是一些非常不必要的问题，而且整个会议室的气氛有点紧张。

这种反模式在 Luís Gonçalves 的博客文章（Goncalves，2019）中被描述为一种回顾活动的反模式“部门经理想参加”。

背景解读

通常情况下，老板或经理会对会议室紧闭的门内发生的事情感到万分好奇。我有时会听到经理们说：“我需要在场，听听到底发生了什么。”甚至是“我最好在现场把这件事情说清楚，他们真的必须停止犯错，并且加快工作速度。”有时候，这样做是完全可以的，因为老板和团队成员之间存在着充分的信任；但根据我的经验，大多数时候，团队在没有老板在场的情况下会感到更轻松。

在回顾活动的环境中建立信任可能很困难，但破坏它却很容易。专门邀请经理参加回顾活动是一回事，那是因为团队希望她在场，就像深陷困境（第 3 章）的一个重构解决方案就是如此；但是，如果是老板自己想参加，而且又没有征求团队的同意，那就是另外一回事了。

反模式解决方案

也许引导师允许经理参加团队的回顾活动，是因为经理的要求仅仅是旁观。经理甚至会保证不说任何话，也不干扰回顾活动，她只是很想“见证奇迹”。引导师也许是因为理解老板的观点，也许是因为害怕她，所以接受了她的要求，并通知团队，老板将出席下一次回顾活动。

结果

这种反模式可能导致几种不同的结果。一种结果是，由于团队成员在老板旁边还是感到很安全，他们会像往常一样行事，而老板也会难得有机会了解到团队的动态、恐惧和希望。然而，更常见的情况是，当老板在场时团队会变得很焦虑，因为她负责招聘和解雇、晋升和加薪。团队成员担心，如果他们透露出自己的担忧和已经发生的问题，他们可能会丢掉工作。此外，老板还可能无法像她承诺的那样保持隐身状态，一旦她一开口说话，就很难再让她闭嘴了！

症状

团队之外的一些人不顾团队的感受，不请自来地参加回顾活动。有些队员比平时更沉默。团队只讨论积极方面的事情。

重构解决方案

最简单的解决方案就是不让老板参加回顾活动。实际上，应该只允许团队成员参加回顾活动。如果老板或经理实在很好奇，那就在管理层单独举办一次回顾活动。我的经验法则是：“如果可以决定聘用或解聘，那就不要参加团队的回顾活动。”当然，这样的话，你就必须向老板解释为什么要把他们排除在会议之外。有的老板可能担心团队会在背后议论他们。你可以让他们放心，优秀的引导师一定会努力阻止大家集体吐槽某个人，而是将讨论引导和集中在沟通或合作上。此外，如果经理们担心别人可能会说他们的坏话，那么这可能是另一个问题的症状。也许组织需要处理信任问题或者经理们需要接受相应的辅导。

在回顾活动中，可以询问团队是否允许自己分享一些在回顾活动过程中可视化的信息，例如便签或海报。这样做有一个额外的好处，那就是团队会意识到，如果有些事情他们想让经理知道但可能又不方便直接传达给经理，就可以用这种方式来转达。

或者，你也可以询问团队是否允许你邀请老板，因为有时候他们也会同意。如果人们害怕直接表示他们不愿意老板参加回顾活动，那么使用询问这种方式可能会有些棘手。在这种情况下匿名投票也许会更合适，但请注意，对匿名投票的每一次需求，实际上都是团队成员之间信任度不够的表现。

线上回顾

对于线上回顾活动，所有相同的挑战和解决方案都适用。一个不同之处在于，线上回顾活动通常可以记录下来，并且线上文档可以很容易地进行共享。有一点必须特别强调，那就是回顾活动中发生的一切都应当留在回顾活动中，只有在每个参与者同意的情况下，才可以对外分享回顾活动中的内容。

个人经历

我曾经在一家大公司担任敏捷教练，为几个团队引导回顾活动。我已经设法不让经理们参加回顾活动，但要说服他们接受还需要一些时间。其中一个团队不敢直接对经理说不，我必须说这一点有违我的原则。这个团队告诉我，他们在任何情况下都不希望她在场，但当她询问他们的时候，他们都笑着说“当然可以”，所以我不得不用我的“装傻”原则来做这个恶人。但有时这就是引导师的角色，我已经学会欣然接受它了。

在一段时间内事情进行得很顺利，但这是一个存在巨大问题的团队，其中一个问题正是这个经理！她让他们感到害怕，但我必须遵守我对团队的承诺，正如拉斯维加斯规则那样，在回顾活动中大家所说的一切都只会留在这次回顾活动中。因此，我甚至不能让经理的上级知道这个问题。有一次，这个经理把我拉进一个房间，让我在回顾活动中帮她监视团队。她说："你真的很擅长让人们畅所欲言，所以你要引导他们谈论这件事，然后再告诉我他们是怎么说的。"我不得不承认我也害怕她，但我必须告诉她那是绝对不可能的，如果我告诉她团队说了什么，我很快就会失去"让人畅所欲言"的能力。她明白了我的立场，但每次回顾活动结束后，她还是会继续问我问题，甚至还询问了一些团队成员。后来我得知，她离开了那家公司。

躲猫猫

……线上回顾活动中，团队成员不愿意在视频中亮相。引导师需要弄清楚其中的原因，并找到方法让他们更有安全感，愿意露出自己的脸。

第 16 章

故事背景

Sarah 已经为下一次线上回顾活动准备了一个共享文档，她还提醒了所有参与者记得参加回顾活动以及他们将要使用什么文档。所有人都准时参加了在线上会议，除了 Bo。原来，Bo 使用的是上次回顾活动的链接，而不是日历邀请中的链接，但这个问题很快就通过聊天得到了解决，每个人都在预定的开始时间 3 分钟内到场。Sarah 在会议邀请中要求团队成员打开他们的摄像头。但她很快发现，只有一半的人出现在视频中，所以当 Rene、Andrea 或 Kim 说话时，其他参与者只能看到一个黑屏。

回顾活动开始了，Sarah 照例向每个人提出了一系列问题。然后，她开始用虚拟的便签收集共享文档上的数据。虽然她可以在视频中看到大部分的团队成员，从而判断出他们是否专注于完成任务，但她无法判断 Rene、Andrea 和 Kim 是在写字还是在做其他事情。10 分钟后，她要求团队查看添加到文档中的内容，并大声说出他们的想法。一开始，大家都很沉默。每个人都在等待其他人发言，然后，当 Andrea 开始发言时，其他人也同时开始讲话。

虽然有些困难，但 Sarah 继续引导着余下的回顾活动并就一项新的实践达成共识，以便团队在下一次回顾活动之前进行尝试，但她隐约感觉到 Kim 从未真正参与进来，也许她一直在忙于其他与回顾活动无关的任务。

背景解读

在线上回顾活动中，许多人选择不在视频中亮相。这种选择可能有很多原因，我们将在后面深入探讨。如果你和我一样，你会发现，当你能够看到参与者时，引导回顾活动的进行要容易得多。他们的面部表情会给你一些小线索，让你知道什么时候需要改变活动，什么时候需要放慢节奏或者什么时候需要加快讨论。他们的表情也可以在他们生气或选择退出回顾活动之前向你发出警告。

然而，当你除了一个经常静音的麦克风之外没有其他任何输入时，真的很难做好自己的工作。

反模式解决方案

引导师通常会允许参与者选择关掉摄像头。这可能是因为引导师希望表现得友好，而不是强迫团队成员做一些让他们感到不舒服的事情。或者是因为引导师担心如果他 / 她强行要求，就无法引导回顾活动。或者仅仅是因为引导师自己认为没有必要这样做。

结果

如果不能读懂人的面部表情，引导师和回顾活动中的其他参与者就很难看出某人在何时感到无聊、生气、悲伤或者只是想要说点什么。即使是在线上下的回顾活动中，也很难对沉默加以理解，而一个既沉默又不可见的人，更是极难去解读的。结果之一是，参与者更容易隐藏起来，并将注意力转移到其他任务上，而不是在回顾活动过程中参与讨论。这样一来，他们就无法参与决策，团队最终决定的行动可能会被一些未参与者认为是糟糕的解决方案。此外，他们的同事无法从未参与者的输入中获益，也无法分享他们的不同经验来构建问题的全貌。

对引导师来说，最严重的后果是，由于那些未参与者往往不留意倾听，所以问题或整个讨论的部分都需要为他们重复。这种不必要的重复会破坏计划好的议程。议程是回顾活动的一个重要部分，特别是对线上回顾活动来说。更重要的是，在团队成员分享想法和经验时，这些未参与的团队成员不去倾听，这是对同事的不尊重。

症状

最明显的症状是人们没有打开自己的摄像头，所以他们以黑屏的形式出现，也许上面还有他们的名字或首字母缩写。因为人们在会议上很容易出现精神缺席，所以你会听到类似这样的回答：“请再说一遍”和“哦，你是在问我吗？”

重构解决方案

与其他反模式一样，正确的解决方案取决于背景。在这种情况下，背景是参与者选择不出现在视频中的原因。当然，你可以在回顾活动中询问他们，但当他们必须在所有人面前回答时，你可能得不到真正的答案。与处理人员相关的反模式一样，在这种情况下你必须小心行事，也许可以在回顾活动之外直接询问他们或者让他们匿名回答。还有一种可能，就像往常一样，他们自己也不知道到底为什么，他们只不过就是觉得不合适。

首先要做的是向参与者解释，为什么他们在回顾活动中与你以及其他人分享自己的视频是非常重要的。对他们说明理由，可能会说服一些人愿意开启视频，因为他们也许从来没有考虑过人们会想看到他们。我认为我的读者都是非常漂亮的人，都愿意在视频中露面，但并不是每个人都能从一个积极的角度来看待自己。

我经常听到人们说，他们不想出现在视频里，是因为他们在咖啡店或在车里，这是不合理的。我无法接受这种不开视频的借口。这表明了一个与视频无关的、更大的问题。回顾活动应该被认真对待，并需要团队成员给予100%的关注。只有专注，回顾活动才能有价值。这也是为什么我要求大家在我们进行现场回顾活动时不要使用手机或电脑。

有些人说他们不想和同事分享周围的环境。在这种情况下，我尝试让团队使用一个提供模糊背景的协作工具，这样的话就可以只看到开会的人了。不愿与同事共享家庭办公室的原因有很多。也许是因为它凌乱、廉价或过于奢华；也许是因为墙壁上装饰有政治声明或有伤风化的艺术品，背景的书架上排列着一些怪异的书或者是配偶半裸着走来走去。不管是什么，这些统统都可以被模糊掉。

还有一些人选择以不化妆、不刮胡子或是不穿衣服的状态居家办公。这可能会是另一个问题的部分原因。有些人觉得居家办公很难激发自己的积极性，在这种情况下，他们可以打扮成上班工作时的样子，以帮助自己进入工作模式。而对有些人来说，只要穿上衣服就足够了。

有些人不喜欢看到视频中自己的样子，由于大多数的协作工具都会将自己和其他人一起在视频中显示出来，这可能会让他们感到不舒服。我们之所以用这种工具看到自己在视频中的样子，是为了确保我们不会做任何我们独处时可能会做的尴尬事情。显示自己的形象有助于保持文明。那些不喜欢在回顾活动中看到自己的人可以选择隐藏自我视角。如果没有这个功能，可以更换他们使用的工具或者干脆用便签遮住屏幕上自己那部分。

我承认，每天 6 个小时的视频会议会让人筋疲力尽——我自己就有过这样的经历。我有时会把视频会议改为电话会议，尤其是在只有一个人参加的情况下。如果可能的话，我会在我们交谈的时候到外面走一走。但是，对于回顾活动，因为肢体语言的重要性，我总是使用视频方式。

我最近学习到一种理论，解释了为什么长时间的视频会议会让人身心俱疲。它基于这样一个事实：认知失调会让我们感到不适。当我们看到别人在和我们谈话、但实际上并没有和他们在一起时，我们的大脑就会发出矛盾的信号，我们在试图理解这种情况时就会感到不舒服。这两种世界观——在同一时间点我们在一起和我们不在一起——在我们的头脑中产生了矛盾。

认知失调

当一个人持有两种或两种以上相互矛盾的信仰、观念或价值观，或是做了与其中一种认知相矛盾的行为，并因这种矛盾而产生心理压力时，就会出现认知失调。根据这个理论，当两种行为或观念在心理上彼此不一致时，人们就会竭尽全力改变其中一种，直到它们变得一致。这种不适感是由人们的信念与感知到的新信息发生冲突而引发的，在这种情况下，他们会试图找到一种解决矛盾的方法，以减少自己的不适感。

另一个关于认知失调的有趣例子是，如果你为自己都不喜欢的人帮了忙，你就会有一种非常难受的不协调感，直到你开始更喜欢那个人才会缓解。大脑的逻辑是，如果你帮了那个人的忙，你要么喜欢这个人，要么就是疯了。而大多数情况下，大脑都会选择前者。这也被称为本·富兰克林效应。

本·富兰克林效应

“听说他的图书室里有一本非常稀有而奇特的书，我就给他写了一张便条，表示我很想读这本书，并请求他帮个忙，把书借给我看几天。他马上就把书送来了，大约一个星期后我把书寄了回去，附上了另一张便条，强烈地表达了我对他的感激之情。当我们下一次在众议院见面时，他和我说话了（他以前从来没有这样做过），而且非常有礼貌。从那以后，他一直在各种场合中表现出愿意为我效劳，就这样，我们俩成为了很好的朋友，我们的友谊一直延续到他去世。”

——本·富兰克林（Benjamin Franklin）

总而言之，你需要找出是什么问题导致了那些人不愿意在视频中出现，并尝试解决它。如果你无法说服人们打开视频或者你了解到他们有非常充分的理由不开视频，请他们至少上传一张自己的照片到协作工具上，这样你就可以跟他们的脸对话，不是他们名字的首字母。

当然，也有例外情况。如果是紧急召开的会议，参会者要么没有视频，要么没法出席，那就只能选择没有视频的出席了。

线上回顾

由于这种反模式仅存在于线上回顾活动的背景中，因此本章中描述的所有内容都适用于线上回顾活动。

个人经历

我为一个团队引导回顾活动已经一年多了。团队始终在同一地点办公，所有的回顾活动都是在同一个会议室里进行的。不过，现在时代变了，大家都得居家办公。

我们开始在网上开站会，我注意到有些团队成员选择不出现在视频里。为了更好的回顾活动， 我要求他们打开视频，一开始大多数人都出现在视频中，但当他们发现并不是所有人都露面时，他们又一个接一个地消失了。

我问他们为什么不打开视频，他们给了我很多理由。第一个人说，家里的带宽不够。我对此表示不解，因为它已经在之前的一些会议上证明过自己的能力，但我选择不去质疑它。另外一个人说，不想让同事知道他的私生活。对他来说，工作和生活是两个截然不同的世界，永远不会交叉。我一直觉得这个人与团队成员分享自己的事情要比其他人少得多，现在我知道了原因。我相信，我们作为一个完整的人去工作，我们在工作中的身份和我们在生活中的身份会极大地互相影响。但很有意思的是，我发现有些人并不相信这种影响的存在。第三个人说，他不喜欢在大屏幕上看到别人的脸离他这么近，这让他感到很不舒服。我想告诉他，可以把窗口调到最小或者把它放在另一个窗口下面，但我觉得时机不合适。

因为我认为这种居家办公的状况并不是永久性的，所以我决定放手，只是要求那些不愿意出现在视频中的人在协作工具里上传一张自己的照片，这样至少在我跟他们说话或他们跟我说话时，我能看到照片上他们的脸。如果这是一个我们将永远在线上工作的团队，我会尝试更加有说服力的方式。我们还有三次类似的回顾活动，大部分都是视频形式的。有时，必须选择与一整个团队较量，而我在这方面已经做过足够多的工作。

我引导过无数次大家都在视频上的回顾活动，我组织过很多有趣的讨论，也收获了很多乐趣。我合作过的大部分团队都有这样的认知：如果每个人都是可见状态，对团队是很有帮助的。

有时候，视频会议甚至具有现场会议所没有的优势。图 16.1 是我在引导六顶思考帽回顾活动的一个例子。这些截图来自谷歌环聊（Google Hangout），你可以戴上不同的帽子。我有时还会用胡子来掩饰我的双下巴。我真的很怀念这个场景。

图 16.1
我用不同的帽子引导六顶思考帽回顾活动

人员反模式

第 17 章　失望的引导师 团队嘲笑引导师在回顾活动中采用可笑的活动，因此引导师要向成员解释，这些活动的用处和意义是什么。

第 18 章　话痨 某个团队成员全程滔滔不绝，于是其他人只能闭嘴不言。引导师需要运用各种策略来确保团队其他成员的意见得以表达。

第 19 章　沉默者 一个团队成员在回顾活动中几乎完全沉默，引导师需要运用各种策略来确保沉默者也能发表自己的意见。

第 20 章　消极者 某个团队成员的消极态度会对回顾活动产生很大的负面影响，而引导师需要保护其他团队成员不受这种消极影响的干扰。

第Ⅲ部分

第 21 章　消极的团队　团队只想谈论消极的事情，因为他们认为只有以此为鉴，才能有所进步。引导师应当向他们表明，关注积极的方面也同样具有价值。

第 22 章　缺乏信任　团队成员之间缺乏足够的信任，所以无法在回顾活动中分享任何重要的信息。引导师需要帮助他们建立起这种信任。

第 23 章　文化差异　引导师或团队成员由于自身文化中带来的成见，阻碍了他们去了解其他人是如何经历回顾活动的。引导师应当找到让他们更加一致的方法。

第 24 章　死亡沉默　团队成员完全沉默——这种情况通常发生在线上回顾活动时。尽管成员不愿意参与，但引导师还是应当采用各种策略来听取他们的意见。

失望的引导师

……团队嘲笑引导师在回顾活动中尽是些可笑逗乐的活动，为此，引导师需要向成员解释这些活动的用处和意义。

第 17 章

故事背景

作为一名回顾活动引导师，Sarah 仍然缺乏足够的经验，所以她决定在下一次回顾活动中引入一项新的活动：每次回顾活动都以一轮问题开始，在这个问题的提示下，每个人都要分享一些自己的个人生活。问题可以关于任何方面，但她决定让它对团队来说简单点，就以“你最近一餐吃了什么？[1]”作为开始。Sarah 认为这是一个安全的问题，大家不需要太多思考，可以很自在地回答。

虽然她觉得这个活动会很有用，但对于让团队成员分享一些私事，Sarah 有点担心，因为她偶尔听到有的成员说，他们对彼此的生活不感兴趣，只要作为同事相处就够了。当回顾活动开始时，她要求大家站成一圈，描述他们的最近一顿饭。大家开始疑惑地环顾四周，有人咯咯地笑了，大多数人都看着 Rene。

Sarah 之前就注意到，尽管 Rene 不是 leader，也不是经理，但他似乎是团队的“天然领袖”。无论他做什么，团队的其他成员都想跟着做。然而很明显，他一点也不喜欢这个活动。在之前的回顾活动中，他称这些活动为“游戏”，以强调他认为它们是多么幼稚和不重要。（事实上，在我看来，玩游戏和幼稚是很重要的，而且这样做有充分的理由。）[2]Rene 说，现在他们都在忙着实现新的 API，浪费时间是一件很愚蠢的事情，所以也许“我们应该正经开会，然后回到真正的工作中去。”大家都离开了，只有 Sarah 还留在会议室，满心失望。

背景解读

许多引导师，特别是在他们刚开始成为引导师的时候，往往对自己发起的活动心怀担忧或不确定，并不相信它能发挥作用。他们可能会因为有人强力推荐这个活动或者因为某一本关于有效回顾活动的

① 在丹麦，你可别问这个问题。答案会非常无聊，因为每个人早餐都吃奶酪、三明治和燕麦片。在有不同国籍的人参加的分布式回顾活动中，这个问题会更有趣。

② 可以在 Portia Tung 的 The School of Play 网站（2019）上了解更多内容。

书或一篇博客文章中对这个活动的描述，而忽略了自己的担忧。也许这个活动甚至在《敏捷回顾活动与反模式引导实践》一书中也有描述，那么它肯定是一个很好的活动。

反模式解决方案

反模式解决方案是继续进行活动，但用有些不情愿且近乎于抱歉的口气说："我知道这个活动看起来很愚蠢，但是，大家都说它很好。"或是"我对这个活动也不是很确定，但书上说我们应该这样做。"

结果

结果只能是其他人也不会认真对待这项活动，因为如果引导师自己都不认为这是一个好主意，那它只可能是在浪费时间。团队可能会半心半意地尝试一下，但几乎可以肯定活动会失败。他们可能会取笑这个想法，甚至取笑引导师本人。长期以往造成的结果将是团队缺乏对引导师和回顾活动的尊重，在这种情况下，你可能会停止为这个团队做回顾活动的引导。这意味着团队将无法从他们在日常工作所经历的事件中学习。最后同时也是最重要的一点，引导师甚至会崩溃，完全失去自信。

症状

这些症状可以在你自己身上找到：你对引导某项特定的活动感到不安，你发现自己并不真正相信这项活动。你可能还会注意到团队成员中的症状；例如，他们开始咯咯傻笑，互相窃窃私语或者拒绝做你要求他们做的事情。另一个症状是，你提议的活动还没有好好尝试就被放弃了。

重构解决方案

简短的答案是“假装成功，直到你真的成功”，但如果真的想让某项活动成功，绝不仅仅只需要露出你最好看的、引导师的微笑就够了。

有时，你会遇到一个活动，你不确定这个活动在特定的环境下对特定的人是否有效。也许你的担心是对的，但可以肯定的是，如果你不相信它会成功，那么它就不可能成功。

一般来说人们会尽其所能让回顾活动成为一次好的体验。他们最初可能不想承认这一点，但即使他们看起来太酷或太成熟或太严肃，不愿意做一些愚蠢的事情，比如称赞他们的队友、用脚投票（即走到房间的某一特定位置来表明他们想要什么）、站成一圈或分享他们在最近一餐中吃了什么，如果你能够说服他们这是一个好主意，他们就会愿意尝试。

真正的挑战就在于此。如果你经验不足或者只是刚加入你所引导的团队，可能还没有赢得他们的尊重，也许更重要的是，回顾活动本身可能还没有赢得他们的尊重。当你决定加入一项活动时，你必须确保它是你所相信的活动。一开始，你可能只想使用安全 / 无聊的活动，但随着时间的推移，你会变得更加大胆。但是，要选择那些你能够看到并且能够解释其目的，而且你不认为它愚蠢的活动。如果你自己都不相信某项活动，别人也不会相信。

活动开始时，你要先解释它的目的以及你期望团队能从中得到什么。然后进行活动，并且在结束之后一定要专门指出活动的好处，比如有机会分享、发泄、找出原因、仅仅是一起玩得开心或是更好地了解对方。在活动结束后向团队总结是一种很好的做法，可以强化他们的获得感。

线上回顾

对线上回顾活动来说，这种反模式既困难又容易。要说服参与者做某些让他们走出自己舒适区的事情，可能会比较困难，因为你和他们之间多了一个界限，这个界限就是回顾活动的线上回顾。相反，如果团队嘲笑这个活动，同样的界限也会让你感觉不那么残忍。对于线上和线下的回顾活动，重要的是你只能选择自己相信的活动，你要解释它们的目的，并且尽量不要将参与者的负面反应当成是针对你个人的。

个人经历

我曾经为一个新团队做引导，从一开始我就能感觉到他们是被迫来参加这次回顾活动的。他们没有选择坐下来谈论任何事情。他们不认可团队中任何人取得的任何成绩：收集数据阶段全都是关于在什么地方出了什么问题，即使我努力试图让他们思考那些给他们好的方面或带来能量的事情，也没能造成任何改变。参见第 21 章 消极的团队。

我决定采用诺姆 • 柯思（Norm Kerth）的表达赞赏练习。我请团队成员站成一圈，这让我颇费了一番口舌，但我向他们强调这个活动很有必要。然后我解释了活动规则：一开始，我会拿到一个球；然后我赞赏其中一个人的成绩，把球扔给那个人；这个人再赞赏另一个人的成绩，把球扔给他 / 她。

我首先对其中一个人刚才的积极评论表示赞赏，然后把球扔给了他。他接住了球，看了看球，又环顾四周，然后慢慢地一句话也没说，让球落在地上。当我看着球在地毯上滚动时，简直慌了神。一开始我完全不知所措，但我还是决定结束活动，然后继续议程直到回顾活动结束。如果现在的我再遇到同样的情况，我肯定会有完全不同的反应。

我当时的理解是他觉得这是一个愚蠢的游戏，即使是现在我仍然这样认为，但是，我也感到，他对团队中的任何人压根没有一句好听的话可说或者即使有，他也不愿意分享。这是一个很大的危险信号，但如果你经历过，你也可以把它当作一份巨大的礼物，因为它给了你很多信息，告诉你这个团队面临的挑战在哪里。

如果是今天的我遇到这种情况，我可能会深入到这个活动中，询问他对于放弃表达赞赏有什么想法或者他是否能想出一个理由来夸赞他的同事和团队成员。

根据具体情况，我可能需要在回顾活动之外、而不是在其他人面前，向他提出这些问题。

不要让人难堪是一个明智的选择，如果你作为引导师的角色还没有建立起来或得到尊重，这样做还会严重损害你与团队之间的关系。如果是今天的我，在这种情况下会做的另一件事就是询问其他人是否有什么想说的。

在当时，我认为这是对我引导工作的严厉批评，在某种程度上也确实如此。但如果这种事发生在现在，我也可以把它看作是一种有趣的、开始对话的方式，因为从那以后我的经历给了我足够的信心，让我知道这（通常）不是针对我的。但这种认知的形成，需要时间。

但最重要的是，我会告诉团队为什么我希望他们参加这个活动：在团队中，互相认可是非常重要的，因为这是建立信任的一部分，当信任存在时，人们就能坦诚地说出自己的想法、提出问题。而提出问题意味着问题能够更早得到解决，团队才能更有效、更高效、更可持续地工作。

话痨

……某个团队成员全程滔滔不绝，于是其他人只能闭嘴不言。引导师需要运用各种策略来确保团队其他成员的意见得以表达。

第 18 章

故事背景

在开发团队中，Ren 特别喜欢说话。他每天都滔滔不绝，而其他团队成员只好尽量在咖啡机旁这种容易脱身的地方和他交谈。他喜欢自说自话并且自得其乐，在最近的一次回顾活动中，他花了很多时间，非常详细地解释了他自己感兴趣的问题。

Sarah 决定计算一下 Rene 发言的时间，并与其他人在回顾活动中发言的时间进行比较。尽管她预计 Rene 会占用很多时间，但得到结果时她惊讶地发现，Rene 说话的时间能抵得上其他所有人发言时间的总和。

她开始注意到其他团队成员在回顾活动中变得更加沉默，一旦 Rene 开始他的个人独白，他们中的一些人就开始专注于自己的手机。Sarah 想批评 Rene 独霸讨论时间，但又不想使他难堪或生气。

而 Rene 仍然说个不停。

背景解读

许多团队中都有像 Rene 这样的话痨，似乎特别喜欢自说自话。虽然大多数人都意识到，回顾活动的目的是让所有团队成员都有机会表达自己的想法和关注点，但这个人经常把回顾活动当作一个说话的机会……一直说话……一直说个没完。他 / 她可能会长篇大论或者在别人停下来喘口气时打断他们。当这种行为发生时，引导师会考虑到直接加以制止是不礼貌的或让人尴尬的，所以话痨往往可以继续他 / 她的喋喋不休。

反模式解决方案

因为你不想惹话痨生气，就任由他 / 她继续说话。这种反模式解决方案太常见了，这可能是因为引导师不知道如何解释由一个人来支配整个讨论为什么会是一个大问题。也许引导师很难打断话痨，是因为不想显得粗鲁无礼（不幸的是，话痨并不认同这种克制）。

如果话痨是团队成员里唯一一个在回顾活动中全身心投入的人，那么引导师可能会发现放任话痨的演讲要比改变活动或是回顾活动的重点更容易。

有时，当话痨喋喋不休时，人们会在角落里嘲笑他 / 她，对冗长乏味的独白漠不关心或是对团队日益增长的不安情绪浑然不觉，如果话痨在团队中的地位较低，这种情况最容易发生。更常见的情况是，当话痨开口说话的时候，人们就纷纷开始开小差，走神。

结果

其他人闭嘴不言是因为那个话痨垄断了所有说话的时间。然而他们也不再用心倾听，所以如果话痨真的说了什么有关联的意见，团队也会错过它。

有两种类型的话痨：说书人和打岔王。

说书人就是本章故事背景部分中描述的那种人。说书人一旦开口就停不下来。只要一有讲故事的机会，他们就会滔滔不绝。可能他们讲的是一个非常贴切又有趣的故事，但是，因为时间关系，通常不允许在回顾活动中讲长故事。你只要用参与者的人数除以总时长，就可以计算出每个人能够发言的时间了，在计算的时候，不要忘记在总时长里减去解释活动、总结活动和做其他任务所需的时间，比如写便签等。这样算下来，你就会知道每个人发言的时间有多短。

最后的结果是，一些人不再倾听，开始走神；他们可能会思考其他事情，甚至专注于自己的社交媒体或电子邮件。如果团队停止了倾听，其结果就是你很难通过一个结构化会议（比如回顾活动）去达成团队的共同见解，因为当人们的关注点不一致的时候，不管什么类型的会议都是无效的。

打岔王是另外一种不同的物种。他们说话冒失、不合时宜，而且几乎对每个问题都有他们自认为相关的话要说。不管其他参与者有什么经验或感受，打岔王总是尝试过类似的或者更好或者更糟的事情。其他参与者所表达的任何观点都会让打岔王想起自己的观点，并且必须立即分享出来。

结果就是人们的发言被打断了，他们分享的内容也丢掉了。最终，其他团队成员可能会完全停止参与讨论，因为永远无法说完自己想说的话会让人感到非常沮丧。这种情况不仅让其他参与者感到懊恼，也破坏了回顾活动的气氛，还会对回顾活动的结果产生负面影响。当一些数据或者数据背后的洞见从整体中缺失时，你也就错过了理解或克服挑战的可能方法。

症状

你会看到人们的注意力脱离了回顾活动，开始互相交谈。毫无疑问，最显著的信号就是有个人一直在说话，或者至少是试图一直说话。

重构解决方案

你可以先尝试用一种更明显的方法来解决这个问题，比如引入一种工具“发言棒”[①]，传递给每一个发言的人。这种方式更适用于打岔王而不是说书人，甚至会对说书人产生相反的效果，因为他 / 她可能紧紧地抓着发言棒，绝不会把它传给下一个人。

对说书人来说，采取给每个参与者分配一定时间的方法会更有效果。你可以使用计时器或秒表来测时，比如 1 分钟、2 分钟或 3 分钟，然后重点解释总共有多少不同的事情可以谈论以及每个事情各分配了多少时间。

你还可以使用这个神奇句子的变体：“这是一个非常有趣的讨论，

① 译者注：发言棒是会议中代表发言权的道具，只有拿着发言棒的人才能说话，发言时不允许打断。

但我们只能改天再讨论它。”也可以使用“停车场”，留出一块白板，你可以在上面记录需要在回顾活动之外讨论的内容。

根据话痨的个性和你与他 / 她的关系，有几种方法可以对付他 / 她的长篇大论。一种方法是对回顾活动进行计划，使活动更多地关于写作而不是发言。另一种方法是将全体讨论压缩至最小范围；这样一来，话痨只会出现在两三个人的小组里，因此只能“毒害”很一小部分人而不是整个团队。

第三种方法是，在回顾活动之外与话痨谈一谈。如果你已经知道你将与一个话痨打交道，你可以在回顾活动之前就和他 / 她谈谈；如果你还没有准备好，也可以在回顾活动之后再与他 / 她谈。在处理个性问题时，最重要的建议是，通常最好是一对一解决，而不要在全体会议上处理。如果你在一大群人面前要求某人改变自己的行为，你很可能会得到一个很糟糕的结果。如果你在公共场合将这些不受欢迎的行为提出来与他们对质，大多数人会感到被威胁、被攻击或异常尴尬，他们可能会用愤怒、沮丧、消极或悲伤的情绪来应对。相比之下，私人谈话充分显示了你对话痨的尊重，他 / 她会更容易接受意见并改变自己的行为。

有时候，向话痨解释他们的行为对别人造成了什么影响，会让他们大吃一惊，因为他们也许从来没有意识到自己说了那么多话。如果你认为可能会是这种情况，那么提前测算一下他们花在说话上的时间与其他人花在说话上的时间的差距会很有帮助。当你和他们谈话过后，可能会有两种结果：也许会对他们产生极大的帮助，因为他们只要明白了问题所在就会有所改变；也许完全没有效果，因为他们无法把想说的故事压缩成最重要的一小部分再表达出来。我经常在自闭症边缘人群中看到后面一种情况，他们发现自己很难总结某个事物，因为所有的细节对他们来说都非常重要。

在这种情况下，我最喜欢的策略是约定一个谨慎的暗号，我可以在回顾活动中给他们暗示，这样他们就能知道什么时候必须结束故事，转为询问大家是否有问题。一般来说，团队不会提出什么问题。通常，话痨很高兴有人帮助他 / 她意识到这个问题，因为他 / 她可能会通过学习如何对故事进行总结或至少认识到什么时候应该停止说话，从而把学到的经验应用到其他情况中去。

线上回顾

线上回顾活动中，可以通过让话痨闭嘴来轻松解决这种反模式。不过，这并不是一个好的解决方案，除非这是你已经跟话痨商量好的处理方法。从某种程度上说，这种反模式在线上回顾活动中更容易解决，因为在线上环境下每个人都必须说些什么，所以轮询的使用更容易被人们接受。你也可以把参与者安排在不同的分组讨论室，这样就可以控制住话痨了。由于线上回顾活动通常比现场回顾活动时间短，所以必须非常留意这个反模式，并尽可能迅速找到解决方案。

个人经历

对于这种常见的反模式，我有很多有趣的案例可讲。让我先从两个极端例子说起。

第一个例子是我经常引导回顾活动的一家公司。这个公司自身没有人引导回顾活动，只是由我作为一个外部引导师来引导。团队里有一个人是个话痨。他和我一起学习计算机科学，所以我们彼此已经非常熟悉了，我们都意识到说话太多对他本人和他周围的人来说都是个问题。

他很聪明，又很风趣，人们经常喜欢听他滔滔不绝的讲话，但在回顾活动中时间有限，大家也被迫停下来听他的长篇大论，这种情况下娱乐因素于事无补。对我来说，在这个场景下很容易就能找到一个解决方案，因为我了解这个讨人喜欢的话痨，我们之间的关系很轻松，我知道他心理强大，几乎可以承受任何冲击。

对于这个案例，我会在回顾活动中用这样的话开个小玩笑：“谢谢你，我们现在已经听到了你的想法；也许还有人想说些什么。”或者是“哦，我在每个细节上总是要指望你的意见啦，但我们可能需要加快一点速度。还有人要来解释一下吗？”在当时的情况下，这句话很有趣，可以缓解他开始发言时现场产生的紧张气氛。这种紧张是因为人们担心他什么时候才能停止讲话或者是否会停下来，给其他人发言的机会。

当然，我并不是要你取笑回顾活动的参与者，但在极少数情况下，这其实是最有效且最不痛苦的做法。

另一个例子是我第一次为一家新公司引导回顾活动。当我被邀请或受雇去做回顾活动时，我总会提前问清楚各种事情。我一般首先会问一个问题："是否有什么我应该注意的紧张关系？"另一个是问题是："有谁喜欢自说自话？"因为这样做可以使我提前准备不同的议程来应对这些挑战。例如，当有人开始表现出攻击性时，我可以改成沉默、反思的练习或者我可以把团队分成几个小组来缓解紧张气氛。根据我的经验，紧张感往往是在大家都在观望的时候建立起来。

但在这个案例中，邀请我的人恰好是个话痨，他从来没有意识到自己有这种倾向，一开口就能讲上半个小时，包揽全场。当然，我的东道主没有提醒我他自己就很啰嗦，所以我在开始引导之前毫不知情。幸好我的开场白是让团队成员每人用两三个词解释一下对上一个冲刺的感受。

毫无疑问，这个练习很容易让话痨彻底暴露自己的秘密，因为两三个词在他 / 她那里往往会变成二三十个词。这类人根本无法或是不愿意缩短自己要说的话。在这种情况下，我还有时间改变我的计划，我选择了需要大量写作而很少全体讨论的活动。在这次回顾活动之后，我又被他邀请去引导另一个回顾活动，在那次回顾活动之前，我找机会和这个话痨聊了聊，解释了这个问题。他接受了我的意见，之后这位话痨的话明显变少了。

最后一个例子是我最近遇到的一个新团队，团队里居然有两个话痨。因为我事前不了解这个情况，等到我做出反应的时候已经太迟了，他们中的一个人占据了回顾活动中大部分的讨论时间。后来，另一个话痨愤怒地与我对峙：她对那个话痨很生气，也对我有点生气，因为她认为自己根本插不上话。但实际上，剩下的发言时间全都被她占据了，这真的让我忍俊不禁。通常情况下，最让人愤怒的是在别人身上看到了自己的影子。倾听他们的挫折感可以给你一个提示，让你了解到他们为什么那样拧巴。

沉默者

……一个团队成员在回顾活动中几乎完全沉默，引导师需要运用各种策略来确保沉默者也能发表自己的意见。

第 19 章

故事背景

在我们团队里，Kim 总是最沉默的那个人。她的母语不是丹麦语，而且她很害羞。因此，无论是在冲刺会议上还是在回顾活动中，她都非常沉默。每当最终要对回顾活动做总结时，她总是微笑着说这是一次非常好的回顾活动。不过，她从未提出过任何问题，也不参与讨论。

一开始，Sarah 并没有把 Kim 的沉默当成一个问题，因为她必须专注于控制回顾活动的进展，并取得预期的结果。Kim 习惯于扮演沉默者的角色，这也是她的同事们对她的认知。当 Sarah 发觉 Kim 的沉默是个问题后，她在每次回顾活动中都会单独点名 Kim，问她在全体讨论中是否有什么要补充的。但 Kim 从来没有补充过。

背景解读

人并不总是有心情开口说话，有的人比别人更健谈，有的人却沉默到了极点。尽管如此，听取后一类人的发言还是很重要的，因为回顾活动是一项团队活动，团队中每个人的发言都应该被听取。否则的话，只有那些喊得最大声的人才会有发言权，而沉默者的意见则很少会被听到。

通常，人们会觉得沉默者的重要性比不上团队中的其他成员，实习生、新加入团队的人或者是性别、国籍、工作角色上的少数派一员。我经常发现测试人员是沉默者，这并不一定是因为他们生性害羞，而是因为团队让他们感觉开发人员的意见比测试人员的意见更有价值。这种态度现在正在改变，但对我来说改变得太慢了。

反模式解决方案

最常见的情况是，沉默者被完全忽略了，因为引导师正忙于推进回顾活动、让发言的人集中注意力并确保不让话痨主导会议。这就导致只有经验相当丰富的引导师才能发现沉默者，因为沉默者大多数时候都是那么的亲切友好。（如果他们不够友好，请参阅第 20 章的反模式“消极者”。）没有人真的在意他们的沉默，因为他们看起来很开心。如果他们实在无话可说，又何必向他们施加压力呢？

结果

这种反模式有许多负面结果。我认为，最重要的一个结果是，如果不能让每个人的意见都能被听取，团队就失去了分享经验的收益。沉默者有效地将他 / 她自己从讨论中脱离出来，于是也就从决策中脱离出来。作为一个安静的倾听者，沉默者通常有机会观察和思考会议中所有的发言，所以这个人的意见是很值得一听的，尽管我们要付出很大的努力才能让他 / 她愿意开口说话。①

另一个消极的结果是，沉默者已经觉得自己只是团队的边缘成员，如果他们被冷落在角落里，即使这是他们自己的选择，也会让他们更加觉得自己不是团队的一份子。由此，团队就会错过不同的洞见。此外，你也很难知道沉默者是否在暗自难过或许正在考虑离开这个团队或组织。

症状

团队中有个成员总是很沉默。一开始你可能没有注意到，但是，经过几次回顾活动之后，你开始看到某种行为模式或者更确切地说，某种反模式的行为！你发现自己会询问这个人一些特定的问题或者给予他 / 她额外的关注以鼓励沉默者参与讨论。你可能还会注意到某人沉默不语，是因为每次他 / 她试图说些什么的时候，就会被别人打断，在这种情况下，你就需要查看“话痨”反模式（第 18 章）。

① 记住：静水流深。

重构解决方案

根据具体情况，可以通过不同的方式对这种反模式进行补救。《敏捷回顾活动：团队从优秀到卓越之道》（Larsen & Derby 2006）中也提到了重构解决方案中一个显而易见的部分：在回顾活动的早期就让会议室里的每一个人都开口说点什么。

一旦他们开口说话了，再让他们发表意见往往会容易得多；同样的，如果允许他们保持沉默，他们就会更倾向于一直保持沉默。这也就是所谓的激活现象①。所以，在回顾活动开始的时候，至少要让每个人都说一两句话。

如果我在回顾活动中发现一个沉默者，我会在他们需要讨论某个问题时将团队分成几个小组。我一般先把他们分成两组，有时也可以分成三组。如果沉默者还是不愿意说话，我就采用我在教学培训中常用的“思考、结对、分享”方法。

思考、结对、分享

“思考、结对、分享”技巧，是指不在全体会议上提问，而是先提出一个问题让参会者自己思考。然后根据问题的难易程度，在30到120秒后，让参会者两人一组结对讨论他们的答案。在这样的两轮讨论之后，如果他们愿意，就有机会在全体会议上分享他们的答案。

也可以运用《解放结构的惊人力量》（Lipmanowicz & McCandless 2014）一书中的“1、2、4、全体”技巧，在结对和分享之间多一个额外的步骤，以4个人为一组结对。

① 在《清单革命》中，Gawande讲述了从一开始就激活人们的积极性，并促使他们在以后变得更加活跃的重要性。

在这两种活动中，重要的是每个人在开始与他人交谈之前，都要有机会进行自我思考和反思。在思考、学习和工作的方式上，有些人偏好积极主动，而有些人则偏好深思熟虑。主动型思考者喜欢直接谈论问题。反思型思考者在开口说话之前则需要一些时间先思考问题。如果你只是在全体会议上提出一个问题，反思型思考者永远不会成为第一个回答的人，而全体讨论一旦开始，他们就再也没有思考的空间了。

为了帮助自己识别沉默者反模式，我通常会写下会议室里所有在场人员的名字。当每个人在没有直接点名的情况下主动参与讨论时，我就在他 / 她的名字旁边加一个小点。如果直到最后我的名单上还有人没有加上小点，我就会仔细观察，看他 / 她是否可能是一个沉默者。

如果知道自己处于这个反模式中、用我列出的技巧又不奏效，可能就必须在回顾活动之后与沉默者谈一谈，看看回顾活动中是否有特别的问题以及你是否可以提供什么帮助。除此以外，将团队成员拆分成几个小组或者开展较少对话的活动，都可以成为这种反模式的重构解决方案。

线上回顾

线上回顾活动中，沉默者更容易隐藏自己，你可能不会马上发现这种情况。当你确认自己的团队中有沉默者的时候，网络环境其实对你更加有利。可以采用轮询、分组讨论室以及不发言、只写作，并且所有团队成员都处于静音状态的活动中。关键不在于强迫沉默者发言，而是创建一个场域，让沉默者有机会发表自己的意见。一些线上回顾活动工具也可以帮助完成这个任务，因为它们通常包括很多支持团队成员一起写作和绘画的功能。

个人经历

我每隔一周为一个团队引导一次回顾活动，我注意到其中一个成员非常沉默。我不知道原因，由于这是分布式的回顾活动，而他身处另一个地方，所以我不方便和他随意交谈。我当然很想知道他是不是觉得回顾活动没有他希望的那么有用，所以我决定和团队一起尝试一下。

在下一次回顾活动中，他们用便签将一条时间轴补充完整，记录前两周发生的事件以及这些事件给他们带来的感受。我没有把所有便签都大声读出来，也没有让大家读自己的便签，我决定采取轮询的方式，让大家先选择一个比较积极的便签来展开讨论。

他们可以选择自己写的便签，也可以选择有兴趣讨论的便签，这种兴趣可能是因为他们觉得与自己相关，也可能是因为他们不太理解。

大多数人并没有选择自己的便签，而是选择后面两种类型中的一种。我们开始进行这个练习，先针对积极方面的便签，然后是有疑问的便签，再是消极方面的便签。

出乎我的意料，尽管大多数便签是因为人们觉得有趣而被选中，但是，还有相当数量的便签之所以被选出来，是因为人们并不完全理解其中提到的问题，无论是问题本身，还是它被归为积极或消极的原因。这个练习以一种我从未见过的方式打开了这个沉默者的话匣子。我一开始并没有选择他来作为练习的对象，但一旦他看到其他人选择了他们不太理解的问题，他就能选择讨论自己不理解的问题。

这让我意识到，他之前一直在退缩，是因为他害怕承认自己有不理解的事情。因此，我们以一种非常间接的方式，在团队成员之间创造了更多的信任，而这正是该反模式实例所需要的。

消极者

……某个团队成员的消极态度会对回顾活动产生很大的负面影响，而引导师需要保护其他团队成员不受这种消极影响的干扰。

第 20 章

故事背景

如果我们回顾一下 Sarah 成长为一名经验丰富的回顾活动引导师的历程，我们会想起最初那一次回顾活动，那时候 Rene 对整个回顾活动的印象很不好。Rene 在回顾活动中迟到了，并且用消极攻击的方式进行道歉，比如说：“哦，对不起，我忙着做我真正的工作呢”以及“我很高兴大家都有时间在工作时玩游戏。”

在回顾活动的过程中，Rene 抓住每一个机会对 Sarah 的引导或是她选择的活动含枪带棒，不是讽刺就是挖苦，他总是交叉双臂①，一脸假笑。Sarah 尽她最大的努力让 Rene 以积极的方式参与讨论，但她觉得自己根本就是在白费力气，而且她明显注意到，这已经严重影响到了团队的其他成员。

因为 Rene 是一名技术熟练的程序员，在团队中享有较高的地位，所以每个人都向他看齐，学习他应对问题的方式，这使得他的消极情绪很快感染到团队其他成员。

背景解读

消极者会非常公开地表露他们对回顾活动的看法。他们嘲笑回顾活动，对某种特定的回顾活动或一般的回顾活动均发表贬低性的评论。他们还会试图说服别人认同他们的思维方式，力求结束回顾活动或者至少确保未来不会再有更多的回顾活动。这种行为会给引导师带来很大的焦虑和压力，因为它很难被忽视。一般来说，消极者极有可能也是负面的，所以他们通常会为自己发表的那些批评意见而感到自豪。

① 译者注：交叉双臂这种身体语言的含义是否定或防御。与人交流时，人们如果对所听到的内容持否定或消极态度，通常会做出交叉双臂的动作。

反模式解决方案

许多引导师选择忽略消极者的行为，并指望这种行为会自动消失。有些引导师会受到消极者态度的影响，变得愤怒或不安或者觉得自己无法胜任回顾活动的引导工作。如果不及时处理，这种消极情绪会像癌细胞一样迅速扩散到整个团队。

结果

如果消极情绪并未在团队成员中蔓延，那么在回顾活动中出现一个消极者可能算不上什么大问题。但是，如果这个消极者很受欢迎或者受到团队的高度推崇，消极情绪就有可能传播到其他成员身上。这将会使团队成员感到不安，回顾活动变得让人不愉快，作用也大大降低了，因为参与者不敢认真地对待活动。而当团队无法认真对待回顾活动时，就很难进行分享，因此也就不可能实现既定的目标。如果你是那种容易生气或难过的引导师，消极者反模式还会影响你的情绪和你对自己的认知，不仅是作为一名引导师、而且是作为一个人的认知。

症状

消极者总是交叉双臂——不管是字面上的或比喻上的或者两者皆是。他们会对其他团队成员假笑、嗤之以鼻或者小声说一些负面的或自认为“有趣的”事情。他们也可能在走廊上以消极的方式谈论回顾活动，但你不是总能听到这些谈论。另一个症状是这种行为严重影响了团队中的其他人。他们可能开始只与团队其他成员分享那些表面的事件或者他们可能甚至不再参与回顾活动的活动。

① 如果你了解我，可能很难相信，在回顾活动和教学方面，我必须非常努力才能解决愤怒情绪；如果你不了解我，可能更容易理解，毕竟，我们身材硕大的维京人经常动不动就暴走发飙。

重构解决方案

根据我的经验，消极者并不是消极地做坏事或者故意伤害别人[①]。这个人通常压根没有意识到他/她的行为或言语会造成什么影响。所以，尽量不要把这种行为视为针对个人的行为。

我知道这很难做到，即使是我自己，当我发现有人“讨厌回顾活动”或认为回顾活动是“显然是在浪费时间”时，我也几乎无法不把它当成是针对个人的行为。你需要把消极者看作是一种礼物，你可以以此来了解他/她，了解团队，也许还可以了解如何更好地引导回顾活动。这份礼物可能包裹在又臭又丑的包装纸里，但如果选择从这个角度来看，它仍然是一份非常有价值的礼物。

记住，最高指导原则对你本人也同样有效。你必须尽自己最大的努力去相信，每个人都在用自己当时可用的资源、知识和能力，竭尽所能地力求做到最好。

现在，我们来看看如何对待消极者。你可以花些时间反思一下他/她说了什么，什么时候说的？是什么触发了他们的这种行为？这个人可能是在害怕什么吗？人们往往会害怕改变，很多人害怕向敏捷工作方式的转变，因为这会增加透明度。如果每个人都能了解每件事情的状态，这可能意味着每个人都知道你被一个问题卡住了，你也许会觉得这是很可怕的事情。而让每个人都知道你没有做好自己的本职工作，那就更可怕了。还有些人畏惧改变，通常是因为他们不确定自己是否能够适应新的工作方式或能否理解新的流程。

可以在回顾活动之外花些时间与消极者面对面，向对方说明他/她的行为影响到了其他人，也影响到了你。要尽可能、尽力以诚相待。

也可以采用《拥抱变革》（Rising & Manns 2005）中一种非常有效的模式“怀疑派带头人”。简而言之，这个模式要求你发掘消极者对你有利的方面(或者对你正在帮助实现的变革有利，在这种情况下，就是进行回顾活动）。要告诉消极者，你知道他/她有多么聪明，他/她对工作场所、团队和系统有着丰富的知识，而且你已经注意到他/她有能力借助于回顾活动这种学习工具去发现关键的问题。

① 这个说法并不完全正确，因为确实是有心理变态者。

应该清楚地说明，你需要他 / 她的帮助，这样就把消极者转变成了怀疑派带头人。回顾活动是团队决定要做的一项工作（也许是被迫去做的），而你的新怀疑派带头人可以帮助你找出哪些做法是有效的，哪些是无效的。在回顾活动过程中，你们可以订一个协议，也许可以是一个秘密协议，如果有什么事情需要改变或者发生了什么你应该注意的事情，他 / 她就会向你发出信号。然后，你们可以一起为下一次回顾活动制定计划。

我已经多次使用过这个重构解决方案，而那些怀疑派带头人已经成为回顾活动的最杰出拥护者，这不是因为我操纵了他们，而是因为他们觉得自己是活动的一部分。只有得到怀疑派带头人的尊重，这个解决方案才会奏效，但由于他们往往由于自卑或缺乏承认而陷入消极的情绪，你可能需要通过对他们的承认来获得他们的尊重。毕竟，在他们看来，如果你能发现他们的智慧或成就，就说明你本人一定也很聪明。

线上回顾

就像现场回顾活动一样，线上回顾活动中最关键的一点也是要找到消极者消极情绪背后的原因。一旦知道是什么原因导致的消极，你就可以开始用前面描述过的方法来处理它。如果你突然发现自己在线上回顾活动中遇到了一个消极者，必须及时、充分地利用它。线上回顾活动为你提供了一些方法来遏制消极情绪，比如把所有活动安排成书面而不是口头完成，安排更多的投票而不是自由文本或者使用分组讨论室。最重要的目标是不要让消极情绪传播到团队的其他成员身上。

个人经历

我遇到过的最消极的一个人，女性，就职于丹麦一家大型的 IT 公司。当时我就怀疑，她之所以对回顾活动和一切敏捷都如此消极，也许是因为她一直被迫表现得像个“汉子”，因为只有这样才能在 IT 行业受到重视。我经常在女性身上看到这种行为：她们觉得自己必须变得更加强硬，以至于除了敲代码之外的任何活动都被其认为是荒谬可笑的。不管她的理由是什么，我都能察觉到她对我很严厉，并对回顾活动百般挑剔。于是，我做了两件事情。

首先，当我介绍活动和议程时，我重点关注那些感兴趣和有热情的人。20 多年的教学和演讲经验告诉我，如果物色到那些真正感兴趣的人并且和他们有眼神交流和行为互动，而不是把大量的精力花在那些宁愿躺平（比如睡觉或玩耍）或做其他工作的人身上，你会让自己更快乐。一般来说，那些不感兴趣的人无论如何都不会被语言说服。就像生活中的其他事情一样，你必须决定当下想把时间花在什么问题上，因为你并没有太多时间和精力去凡是都亲力亲为。这称为“审时度势，量力而行”模式（Rising & Manns 2005）。

第二，在每项活动的前后，我都会强调我们进行这项活动的原因以及预期 / 实现的结果是什么。通过将回顾活动的过程具体化、清晰化，你可以帮助消极者理解，所做的这些会让他们有所受益。在每项活动之后向团队总结情况也是一个好办法，但在这个案例中，我必须清楚地说明我们做了什么以及为什么要这样做。我还通过将团队分成两个人一组，来确保消极者能够参与每一次讨论。这样一来，她就不能再像之前那样分心看手机了。有些人认为他们可以一心多用，比如一边和别人说话一边看手机，但这并不是大脑的工作方式①。而且，无论在什么情况下，这样做都是不礼貌的。

在整个回顾活动过程中，她一直都很消极，所以我决定在回顾活动结束后和她谈谈。通过交谈我发现，她之前尝试过一些敏捷流程，根据她的经验来看，这些只会减慢她的速度。我们讨论了一下，同意彼此互相帮助。她会在下一次回顾活动中认真地尝试一次，而我则会确保团队所决定的行动点能够得到跟进，并且在下一次回顾活动中能够看到我们期望从这些行动点得到的收获。

我们俩都信守了承诺，所以这次尝试的结果非常好。她将她认为回顾活动中不太有用的部分告诉我，而不是把消极的想法传达给在场的每个人。我向她解释了我为什么选择做这些活动以及我希望团队

① 除非它与大脑的不同区域有关，比如，我在写这一章的时候，还可以一边听着莫扎特的唱片一边吹着口哨。

从中获得什么。我有时会根据她的意见改变方向，我总是确保她能够注意到团队从回顾活动中取得的每一点收获。我的做法是，在每次回顾活动开始时，我都会向参与者询问，他们在上一次回顾活动中决定的行动点（实践）的当前状态和效果。

在收集数据阶段结束后，我还会询问大家是否有新的信息，因为回顾活动的一个重要部分就是共同了解自上次回顾活动以来发生了什么。有时每隔一段时间，我就会把过去 5 到 10 次回顾活动中的所有行动点全都回看一遍，让大家清楚地知道团队已经做出了一些改变，而且其中一些改变是可持续的、有效的。

那位曾经的消极者后来成为我在公司里最好的“回顾活动大使”之一，因为她的思想足够开放，所以能够学会欣赏回顾活动的真正价值。

消极的团队

……团队只想谈论消极的事情，因为他们认为只有以此为鉴，才能有所进步。引导师应当向他们表明，关注积极的方面也同样具有价值。

第 21 章

故事背景

泰坦尼克软件公司的团队现在已经进行了几个月的回顾活动。团队成员已经认识到，他们可以通过回顾活动来应对一些挑战，并解决很多问题。

他们在回顾活动中会直接深入地讨论问题。在为回顾活动收集数据时，他们经常会提出消极方面的便签。当 Sarah 问及原因，他们的回答是“我们在这里是要解决问题，而不是嬉皮士聚会式的放松享乐。”

背景解读

你的团队在回顾活动时往往倾向于关注消极的问题和事件。也许是因为他们具有一种消极的心态；也许因为他们是开发人员，因此本身就是问题解决者；也许因为他们在积极主动地解决问题时感觉最愉快。或者，他们可能认为回顾活动的唯一目的就是发现问题并加以解决。无论是什么原因，如果总是强调团队技术、工作和合作的所有消极方面，回顾活动就会弥漫着一种阴郁的气氛。

关注消极的事物是人类的一种状态，我们往往必须持续地应对这种状态。这种对“危险”的探索帮助我们的祖先在许多危及生命的情况下存活下来，但是，当我们想要关注和颂扬生活中的美好事物时，它又可能成为一种负担。要知道，坏消息比好消息更容易让人轻信。

反模式解决方案

当团队为了尽可能多地解决问题，而在回顾活动中想要专注于消极的方面时，你往往会按捺不住跟随他们步伐的冲动。毕竟，回顾活动是为了他们而做的，你希望他们能从回顾活动中得到他们认为自己需要得到的。因此，你匆匆跳过积极的数据，集中全力对消极的数据（问题和挑战）采取行动。积极方面的便签，即便有的话，也被留在后面，几乎没人注意到。

结果

在回顾活动中解决团队的问题和挑战会给人带来满足感，甚至是成就感。然而，我们一定不要忘记，回顾活动是为了使优秀的团队变得卓越，团队也可以从已经证明有效的方法和流程中学习。积极的方面有时还可以做得更好或者你至少可以确保它们不会被遗忘。

想象一下，一个分布式团队在 Slack 上进行礼貌性聊天，因为他们在之前的回顾活动中认识到，这有助于加强成员间的联系，就像常规团队平时的相处一样。他们的回顾活动中通常会夹杂着“早上好”“再见”和“你最近还好吗？”这些表示礼貌和相互关心的交谈。

现在，假设团队在当前的回顾活动中讨论应该如何使用 Slack，并且他们一致认为不应该将其用来进行琐碎的聊天。顿时，那些提醒他们相互关心的礼貌性交谈被遗忘在脑后，而这会让有些人感觉自己不再是团队中的一员。如果幸运的话，这个问题也许会在下一次回顾活动中再次出现，他们可以重新审视 Slack 的目的和闲聊的好处。但是，如果团队不仅关注消极的问题，而且也关注积极的问题，那么回顾活动中的这种消极现象一开始就不会发生。他们可能会一直牢记，Slack 上的闲聊是团队有意为之的做法，因为它加强了对彼此的尊重和礼貌。

症状

这个反模式的症状就是在回顾活动中出现大量消极方面的便签，缺乏对团队及其工作的积极方面的讨论以及经常出现的消极气氛，这是因为团队把注意力集中在那些不成功的事情上，从而耗费了他们的大量精力。有时，你可能会在这样的回顾活动中看到，引导师努力试图用笑话和有趣的故事来调节气氛，点亮大家的情绪。但如果回顾活动的基线就是阴暗的，这种努力就难以奏效。相信我，我已经试过了。

重构解决方案

我们的目标是帮助团队关注他们工作中积极的部分。有时候这很容易，比如，你只需要这样说："今天我们要在过去的积极部分上花更多的时间。哪些已经是有效的？你喜欢这种工作方式的哪些方面？"也许补上这句话会更有帮助"即使我们意识到，我们从失败中所学到的比从成功中学到的更多，但是，吸取成功的经验也是非常有价值的，也许可以帮助我们做得更好。"

然而，对于某些团队，你还需要更具有说服力，在你尝试这个解决方案之前，你可能无法知道你的团队是否属于这样的团队。例如，你可以计划一次积极回顾活动，并告诉团队，他们只能对积极的事件和问题展开讨论。

第三个选择略显简单粗暴：在收集数据后，干脆把所有负面的便签都去掉。你可以在我的个人经历部分读到这种方法的一个实例。

第一种选择促使回顾活动的重点转向更积极的心态，而后面两种选择则强制要求回顾活动只关注积极的方面。无论你选择这三种中的哪一种，你都应该做好准备、应对可能出现的反击。因为有些人认为，如果回顾活动没有解决若干问题，它就没有成效。但根据我的经验，一旦他们尝试将积极的问题纳入他们的关注点中，并且你凭借对自己和过程的自信将这种做法坚持贯彻下去，团队成员就会明白这个道理并为此感到高兴。我一般会根据团队进行回顾活动的频率、每 3 至 6 个月做一次全面的积极回顾活动，在这种回顾活动中完全不关注消极的事情。

这种重构解决方案通常会导致，在"正常"的回顾活动中，自然而然地将积极的问题与消极的问题一起纳入其中。

顺便说一句，我经常看到一些消极的评论被巧妙地表述为积极的评论，比如"一年前的构建工作做得很好"或者"我真的很喜欢经理居家办公的那段时间"。要留心这种变相的消极评论，并在你注意到它们的那一刻，微笑着将它们指出来。不过，你需要把这样的评论记下来，以备下次使用或者干脆把这类便签放在"停车场"里，留到下次回顾活动中讨论。

线上回顾

与现场回顾活动一样，我们的目的是让团队专注于所有进展顺利的事情，并对其加以肯定和提升。前面介绍的那些解决方案在线上回顾活动中同样易于（也同样难以）实施。

个人经历

首先声明，这个案例来自 Simon Hem Pedersen，他是我的同事，一位勇敢的引导师。在为一个总是倾向于关注案例消极方面的团队做回顾活动时，Simon 首先要求他们制作一个时间轴，当所有的便签都贴在白板上后，他宣布休息。在休息期间，Simon 在时间轴只保留了绿色、积极方面的便签，把其他的便签都拿掉了。所以当团队回到会议室后，发现红色和黄色的便签都不见了。然后，他们讨论决定关注哪一组绿色便签，并做了鱼骨图练习来找出绿色便签背后的原因。通过这种方式，他们将注意力集中在所有进展顺利的方面，并且研究出如何使这些方面的工作进展更好的实践。

尽管 Simon 最初也有些担心，团队是否会因为他拿掉了那些负面的便签而感到失望，但结果证明，这是 Simon 与这个团队一起引导的最好的一次回顾活动。

缺乏信任

……团队成员之间缺乏足够的信任，所以无法在回顾活动中分享任何重要的信息。引导师需要帮助他们建立起这种信任关系。

第 22 章

故事背景

在我们的丹麦团队中，Sarah 发现了一个问题。Kim 在一项任务上已经做了一段时间，当别人问她任务进展如何或者是否需要任何帮助时，她总是回答："不，我很好。我不需要任何帮助。"其他团队成员对此表示尊重。随着时间慢慢流逝，到了需要应用 Kim 的工作成果的时候了，因为其他工作都依赖于它。结果却发现 Kim 已经被卡住相当长一段时间了，只是她一直不愿意承认这一点。大家都非常生气，从那时起，回顾活动的气氛就变得很不愉快。Sarah 觉得她应该在下一次回顾活动中解决这个问题，所以她在"设置场景"阶段用一个活动来开场，这个活动将评估团队成员之间的安全感水平。

安全感评估活动

这个活动也称为"温度读数"，是衡量一个群体中人们安全感水平的一种方式。通过匿名投票的方式，人们要从五个有编号的陈述句中选择出一个符合的：5 ="我觉得我可以与团队分享任何事情"；4 ="如果我认为这样做对他们或对我自己有价值，我不害怕与团队分享自己的问题"；3 ="我可以分享合作所需的内容"；2 ="如果我遇到任何问题或问题，我觉得自己无法分享出来"；1 ="我永远不会与团队分享任何事情，即使它对我有意义，因为我害怕分享的后果。"这个练习的目的是评估团队中心理安全的其中一个方面，以了解成员之间的信任程度。

正如 Sarah 所担心的那样，团队成员的答案没有一个高于 3，这表明了小组成员之间缺乏安全感，他们彼此不够信任，不敢表现出自己脆弱的一面。Sarah 指出，这不是一个理想的情况，并要求他们对彼此更友善。不幸的是，这样做对情况并没有任何改变，甚至在回顾活动开始时强调最高指导原则也没有多大帮助。参见第 2 章"无视最高指导原则"，了解更多的上下文。

背景解读

你在引导回顾活动时，有时候会感觉某些地方不太对劲。参与者没有坐在一起言笑晏晏，他们避免目光接触和身体接触（这也可能是一个内向性格的表现，所以仅根据这一点不足以做出任何判断），他们在回顾活动的收集数据阶段迟迟没能写出要分享的内容，而且写出的问题要么是积极的 / 中性的，要么就是非常表面的，例如，“咖啡太浓了”。

反模式解决方案

最简单、最快捷的解决方案是要求参加回顾活动的人坦诚地说出自己心中的任何想法。也可以通过奖励巧克力或确保他们的评论是匿名的，来鼓励他们更坦诚地发言。有些引导师甚至无视信任度低的问题，试图强迫人们彼此分享秘密。

结果

如果团队成员之间缺乏信任，那么就不会在回顾活动中分享任何重要的事情，而团队也只能采取表面的行动来适应这种情况。因此，回顾活动将变得毫无成效，甚至可能会遭到放弃。团队成员对彼此的信任越来越少，一旦出现错误，他们会尽量掩饰错误，而不是可以趁此机会学习新东西。

症状

回顾活动的参与者只愿意分享积极的问题或是非常浅显的消极问题。人们会把目光移开，避免接触对方的眼神。你可能还会看到有人试图脚底抹油，准备溜出会议室。

我们的脚会说话

关于我们的肢体语言，有这样一个有趣的情况：即使我们试图通过眼神交流和手的动作来隐藏我们的感觉，我们的脚仍然可能背叛我们。我们的脚尖指向的方式暗示了我们的注意力在哪里，而且可能不在我们正注视着的任何东西上。有时候，我们的脚会试图带我们摆脱某个不舒适的处境，即使我们尽力假装自己感觉非常舒服。这是一个传说中的现象，并没有得到研究的支持，但是，当学生在对他们不确定的作业做报告或者第一次在会议上发言时，我有时候会注意到：在他们面对听众并试图与听众进行眼神交流的时候，他们的脚开始向门口移动。就好像脚想要告诉主人："让我们离开这里。我来接手吧，因为毫无疑问你太笨了，没法照顾好自己。"

重构解决方案

当你怀疑团队缺乏信任时，首先要做的是弄清楚情况是否像你怀疑的那样糟糕，因为你可能在做一个错误的假设。得到答案的一种方法是使用 Sarah 选择的安全感评估活动。你也可以在网上找到许多其他的活动来帮助你测量信任度，但是，这个安全感评估活动比较简单易行。对于这样的活动，你自然需要考虑霍桑效应①，但在我看来，放任不管的结果只会更糟糕。你可能会得到一个不是百分之百正确的结果，但根据我的经验，它至少还是可以向你呈现出一部分事实的。

如果结果正如你所担心的那样，你的下一个挑战就是要决定是否愿意并且能够尽量提高团队的信任度或者你是否愿意在现有的低信任度下与团队一起工作。如果你选择尝试提高信任度，那么接下来必须做的就是弄清楚团队是否有兴趣改变它。我曾去过几次的一个团队告诉我，这是一个工作场所，任何关于感情或私人生活的谈话都是不受欢迎的。我和那个团队的关系没有维持很久，因为这就是那家公司的管理层所鼓励的文化，所以我决定最好的办法就是离开这个团队以保护自己。当然，我很想把所有的团队成员都装进我的口袋里，带着他们一起走并好好照顾他们，但这是不可能的。

在讨论解决方案之前，让我们先退后一步，看看究竟什么是信任以

① 研究对象由于意识自己到被观察而改变行为。

及为什么对一起工作的人来说，信任是非常重要的。我知道你认为这个问题是显而易见的，但还是请允许我说几句。

让我们来看看信任的两种定义。

1. 信任就是“相信 [你] 会找到 [他人] 所期望的而不是害怕的东西（Deutsch 1977）”。如果仔细想想，希望和恐惧的二元性正是你可以选择的未来如何与他人互动的方式。如果你信任别人，就会自信地认为你能够得到自己所希望得到的东西；反之，如果不信任别人，就会担心他们的反应。

2. 信任是一个人的希望与恐惧的交集（Simpson，2007）。这又是一个用希望和恐惧之间的界限来描述信任的定义。在与他人的互动中，区分这两种预期的结果类型很重要。可以写下你期望他们对不同场景的反应来对自己信任和不信任的人做出评估。例如，当我的同事忙于自己的工作时，她还会不会说到做到她之前答应我的事情？

有人把信任描述为关系加上可靠性的总和，这个等式多年来一直陪伴着我。我觉得它很有道理，在我想要建立信任的所有情况下，我都会使用它。我可以看到人与人之间的关系是如何提升信任度的，也可以看到人们依靠别人的帮助去完成他们所承诺的事情或者在他们没有能力完成的情况下让他们了解实情，同样可以提高信任度。我学习到或者说意识到的另一件事是，信任很难建立，但很容易被破坏。

我坚守自己简单的世界观，因为它对我很有用，但最近我对信任的研究和更好的信任定义有了新的认识。McKnight and Chervany（2001）对信任的拓扑结构定义如下。

- 仁爱意味着关心以及激励自己为自我利益而行动，但绝非投机取巧。
- 诚信是指订立真诚善意的协议，讲真话，信守承诺。
- 胜任力是指有能力或权力去做自己需要做的事。
- 可预测性是指受托人的行为（好的或坏的）在特定的情况下有足

够的一致性，可以预测。可预测性是受托人的一个特质，它可能会对依赖受托人的意愿产生积极影响，无论受托人的其他的特质如何。

换句话说，一个在仁爱方面可以预测、并且有能力以诚信的方式满足委托人利益的受托人，就是一个值得信任的人。如你所见，我最初的“关系与可靠性等式”很符合这个拓扑结构，但稍稍有点粗糙。

我们还可以谈谈信任的立场。有些人认为，如果他们假设其他人是善意且可靠的，他们就可以和这些人取得更好的结果。这很可能是一种个人选择或者说是人们使用的一种策略，它影响了他们与其他人合作的方式。就我个人而言，我的这种信任立场使我很容易成为那些想要滥用它的人的目标。因为总是被别人利用我的这一立场，这些年来，我已经形成了一种不那么信任他人的态度，这让我很难过，因为我更愿意对人们抱有更好的期待。总之，如果人们损害了你的信任，他们也会损害你的信任立场。一直保持信任的立场是一个非常困难的目标。

当你对身边的人缺乏信任时会发生什么？它会触发杏仁核[①]，这是大脑的一个部分，负责探测危险，并对某种互动关系或是某个人做出非常原始的反应，即战斗或逃跑反应。过度活跃的杏仁核会将看似无关紧要的事件和互动关系解读或归类为危险事件。在办公室的日常生活中，这将导致人们不愿意互相寻求帮助或分享问题和挑战，并开始过度解读其他人说的话，将其视为挑衅或批评。参见第 2 章无视最高指导原则。

与之相反，在人与人之间高度信任的团队中，团队成员更容易互相帮助、寻求帮助，从而充分发挥每个人的优势和技能。毫无疑问，结果会使工作质量更高，团队更和谐。

因此，谷歌的一项研究发现，以心理安全形式存在的信任，是衡量团队绩效的最大指标，也就不足为奇了。谷歌的行业主管保罗·桑达加（Paul Santanga）在对团队绩效进行了两年的研究后表示：“没有信任就没有团队。”

① 杏仁核，是在包括人类在内的复杂脊椎动物体内，位于大脑颞叶深处和内侧的两个杏仁形状的核团。它们在处理记忆、决策和情绪反应（包括恐惧、焦虑和攻击）方面发挥着主要作用。杏仁核被认为是边缘系统的一部分。

那该如何通过回顾活动来建立团队的信任呢？我所做的第一步是讨论什么是信任，现在使用的是比我以前用的公式更详细的定义。下一步是描述信任的重要性以及缺乏信任的后果是什么。

接下来我会尝试不同的活动和技巧。其中大多数都集中在团队建设上，但也有一些集中在工作和互动伦理上。我尝试让他们一起开心大笑，因为一起大笑是一种非常强大的团队建设方式。你可以找一些有趣的漫画或名言，如果你足够大胆，你还可以自嘲。自嘲能够非常有效地让人们信任你、喜欢你，因为这表明你是一个有血有肉的人，而不是没有缺点的圣人。你可以让团队成员回答关于他们自己作为人类的、不具威胁性的问题。比如“两真一假”这样的活动总是很有趣的，你还可以在回顾活动的间隙使用 QuizBreaker[①]。

两真一假

“两真一假”通常被认为是青少年喜欢玩的游戏，但它也可以被更年长的人用来作为一种破冰或相互了解的方式。游戏有很多不同的玩法，但本质都是每一个人写下三件事：两件是真的，最后一件是有潜在可能为真的谎言。对于比较较真的观众，你可能必须强调，写类似“我是一只蚂蚁”这样的话是违反规则的。当每个人都写下了三件事后，你们轮流大声朗读自己的三件事或者在聊天中发布出来。然后由团队中的其他人来判断其中哪件事是谎言。在这个游戏中，你们可以了解彼此的很多信息，但更重要的是，你们有了一些话头，一些你们可以用来展开对话的信息。如果你乐意的话，这也是你可以自夸的时候；比如，你可以聊聊自己跑过马拉松、爬过某座高山或者养育着五个孩子但仍然精神正常。玩这个游戏通常不是为了输赢，也不是为了分发奖品（尽管有些人更喜欢这种竞争方式）。我玩这个游戏不为别的，只是想让大家开心。

① QuizBreaker 是一个有趣的每周测试，通过电子邮件发送，每周只需用 2 分钟就可以帮助团队更好地了解彼此。

帮助团队充分了解彼此，这样才能表现出正直和仁爱，但别忘记让他们在可预测性和胜任力上下功夫。例如，让他们意识到对彼此的期望，甚至可以设计出与对方互动和互相帮助的规则——同行评议，比如何时可以提问打断对方，如何被邀请参加讨论等等。这个行为准则可以记录在团队章程中并对行为加以定义，不仅仅是针对回顾活动，而是针对所有互动形式。

然而有时候，你需要改变整个组织的文化[①]，团队的文化才能有所改变，所以这可能是一个更大的问题，超出了回顾活动能够解决的范围。管理者可以从欣赏失败和错误开始，并展示我们如何从失败和错误中学习。他们可以通过称赞学习的方式来跟进，而不是用嘲笑甚至以解雇员工作为威胁。他们还可以提拔或以其他方式去欣赏那些值得信赖和容易共事的人，就像他们欣赏那些表现出色的人一样。

遗憾的是，一个组织的文化通常不受回顾活动引导师的控制。

线上回顾

对线上回顾活动来说，收集数据和匿名投票更容易实现，因为这是一些在线上工具的默认设置。所以在线上回顾活动中，解决表面问题是比较容易的，但我们的长期目标是在团队成员之间建立信任，这就代表在人员分散的情况下，需要更加集中精力。

个人经历

询问一个团队他们的信任程度，这是一个不错的主意，但要注意，如果你问他们这个问题，你就要准备好去面对答案，任何答案。这就像问你的孩子：“你现在想睡觉吗？”或者“你能不能别再踢这位女士了？”如果只有一个可以接受的答案，你就不应该问这个问题。所以，如果你问这个问题，就需要提前考虑如果团队信任度很低，你需要采取什么行动。

① 观看西蒙·斯涅克（Simon Sinek）关于绩效与信任的视频。

我想跟大家分享两个关于最终证明缺乏信任的案例。

我被一家公司聘请为引导回顾活动的顾问。我问过主办方，对这个团队有什么需要我了解的吗？他说，人们有点害怕和彼此分享问题。从他那里得到这个信息是非常好的，因为即使我自己能够在回顾活动中察觉到信任度低的问题，提前知情也会更有帮助。我可以在做回顾活动计划时就对这一点加以考虑。

如前所述，我决定在回顾活动开始时，先对最高指导原则进行集中讲解，并进行安全感评估活动。当我讲到最高指导原则时，团队成员非常沉默。他们甚至连面部肌肉都没有任何变化。这是一个糟糕的信号。同样，信任活动的结果也不是最理想的：有一个人完全没有信任度；其余的人信任度也很低或几乎没有。所以，主办方说的是对的，但他可能还没有意识到团队面临的挑战有多大。我认真考虑了一下，当时就结束了回顾活动。

会议的主旨应当是分享信息、经验和感受，如果参与者觉得没有足够的安全感来分享任何重要的事情，那么这场会议就没有什么价值可言。我决定给这些感受贴上标签，就像《千万不要各退一步：像生死攸关一样地谈判》（Voss & Raz 2017）中描述的那样，给我确信存在于这个会议室里的感受取个名字。我大致是这样说的："看起来你们害怕与对方分享信息，尤其是负面信息。我猜你们是担心自己会面对愤怒、奚落或嘲笑。不过，我能感觉到，你们有一些经验和感受需要和大家分享。"

从他们的肢体语言中，我可以看出自己触动了他们的神经。在我说话的时候，他们越来越多地与我进行眼神交流，也许是因为他们觉得我在注视着他们。我解释说，在这次回顾活动中，我的责任是确保每个人都可以放心地说任何话，我将尽自己最大的努力来履行这一责任。我停顿了一下，让团队成员有时间思考我说的话。然后我问他们是否希望回顾活动继续进行，他们是否愿意分享尽可能多的信息。大家窃窃私语了一番，有人点了点头，然后他们开始在便签上收集数据。

如果这是一次线上回顾活动，我们就可以使用匿名了。现场回顾活动中也可以做到匿名，但需要更多的准备，因为你必须事先提出问题。如果我知道情况如此糟糕，我可能会提前做更充分的准备。在整个回顾活动过程中，我谈到了很多关于从错误中学习、相互了解、寻求和提供帮助的问题，我尽我最大的努力让他们一起放松欢笑。事后我和主办方谈了谈，告诉他这个团队需要一些帮助。他想让我具体说明哪个人说了什么话，但我不想打破这种信任。相反，我让他明白，如果这个团队不能更自由地交流和分享失败的经验，他们可能会遇到一些相当严重的问题。

另一家公司是我真正工作过的公司，所以我了解每一个人，我能够一直密切关注他们。我知道团队信任度很低，我也知道如何与其合作。这段时间，在团队内部和周围有一些流言和误解。我开始了回顾活动，使用的方式与前面那段经历完全一样：最高指导原则和安全感评估。正如预期的那样，信任度很低，没有几个团队成员觉得有足够的安全感来说出自己的想法。

不过在这个团队中，分布情况有点不同，由于团队中有两个成员觉得可以完全放心地与团队分享一切事情，所以即使投票是匿名的，也不难猜出这两个人是谁。不幸的是，这两人也是外向型的“霸凌者”，而团队中的其他人则是内向型的。这可不是一个完美的组合。

在这次以及随后的两次回顾活动中，我尝试着与团队一起制定基本规则，询问他们希望如何合作以及他们喜欢如何沟通。我试着问他们，以前那些优秀团队在他们看来是怎样的，这些团队的工作方式有什么特点。我让他们回想一下哪些失败的经验最后转变为非常好的教训，并且回顾活动团队中的成功案例。我和他们一起做了一次未来展望，帮助他们分享他们担心和希望的。根据我自己对与话痨和消极者一起工作的建议，我在回顾活动之外与那些霸凌者谈论了他们的行为及其后果。但这所有的一切都是徒劳的。

我无法改变团队中人与人相互作用的方式，也无法改变霸凌者的行为方式，但结果就是人们变得不愿意在团队中工作。当第一个人离开团队时，我决定和管理层谈谈这件事。我必须指名道姓地点出那些霸凌者，我必须提出行动建议。

我的建议是，至少把其中一个人从这个团队中撤走，要么调到另一个团队，要么彻底离开组织。并不是所有问题都能在回顾活动中得到解决，在许多抗议的呼声下，其中一个霸凌者被从团队中移除，但这样做能够让剩下的那个霸凌者改变他的方式，慢慢地团队重新获得了所需要的信任，这使得他们能够以一种让人愉快的方式一起工作。

文化差异

……引导师或团队成员由于自身文化中带来的成见，阻碍了他们去了解其他人是如何经历回顾活动的。引导师应当想法让团队更加一致的方法。

第 23 章

故事背景

现在 Sarah 已经是一位非常高效的引导师并在泰坦尼克软件公司赢得了良好的声誉。她收到了为其他团队引导回顾活动的邀请，这让她非常高兴。由于 Sarah 有机会针对不同的团队和人员使用不同的方法，这使她不仅增进了引导的能力和水平，而且还了解到很多关于其他团队正在进行的工作和面临的困难。Sarah 甚至可以将其他团队决定尝试的某些实践引入自己的团队进行讨论。

泰坦尼克软件公司最近决定把一些开发工作外包出去。它从一家与自己企业文化迥异的公司里雇佣了一批新的开发人员，即按小时编码（CbtH）。CbtH 员工不愿意大声说出问题。他们总是试图隐藏问题并自行解决，因为他们觉得存在问题就意味着某人有罪，而在 CbtH，如果你有罪，你就可能会被解雇。

Sarah 需要引导一次回顾活动，帮助这支团队与合作公司的员工一起工作。

背景解读

有时候，人们不敢说出来自己的想法。这是因为他们担心，如果他们为自己的意见发声，后果可能会很严重。不同公司和国家之间的信任程度差异很大。并不是所有的公司都有匿名分享感受和想法的方式，公开分享担忧和问题会让人们感到恐惧。

反模式解决方案

人们很容易忘记考虑在不同文化背景下出现新问题的可能性，而是习惯于遵循常规程序去行事。这样做的结果是人们变得沉默寡言。他们选择不分享自己的经验，最终导致回顾活动受到影响，因为重要的问题没能得到讨论。

结果

如果人们不敢在回顾活动中发言，问题就只能在表面上得到解决。但是，要建立起谈论敏感话题所需的信任并不容易。结果就是，人们会回避情绪化的话题，而重要的问题也无法得到解决。回顾活动会让人觉得是（也确实是）浪费时间。

症状

你在回顾活动中经历了某些难以理解的行为，一开始你不知道如何处理它，因为它源于一种完全不同的文化和价值体系。在上面的案例中，回顾活动的参与者不会分享对困难的担忧，因为他们的企业文化就是如此，员工因为害怕被解雇而不会发表消极方面的意见。这个公司的层次体系和你所熟悉的完全不一样。

重构解决方案

有几种方法可以解决缺乏信任的问题；有些是短期的解决方案，有些是长期解决方案（参见第 22 章“缺乏信任”）。我有时会用一种快速的方法来解决缺乏信任的问题，至少在分布式回顾活动中很适用，那就是在匿名模式下使用谷歌文档。你可以使用“所有人可用链接”（Anyone with the link）选项来共享文档，团队成员无需登录自己的谷歌账户就可以通过该链接访问文档。然后，他们以化名出现在文档中，如匿名老鼠、匿名海牛和其他匿名动物（图 23.1）。人们不知道自己被赋予了哪些动物的名字，当然也不知道其他动物分别对应谁。

图 23.1
谷歌绘图文档中的匿名参与者

有时，你可能会发现自己所在的团队对结果的恐惧，就像一个人在工作机会稀缺、社会保障缺失的国家被解雇一样残酷且现实。但是，在较小的范围内，即使轻微一点的恐惧也会产生相似的感觉，并对回顾活动中的开放性产生同样的后果。害怕被嘲笑和害怕丢脸，涉及尊重或是关乎到晋升机会，同样会影响员工的开放性和分享意愿。

对更长期的解决方案，我更倾向于在建立信任上下功夫，正如我在缺乏信任反模式（第 22 章）中深入讨论的那样。要建立信任，你首先必须意识到问题的存在，这可以通过简单地询问团队的安全感程度来实现。有很多活动可以评估团队成员之间的信任程度。

询问关于信任的问题能够立即促使人们反思自己的感受，而且这个问题还会产生更多的关系效应，帮助人们看到其他人对他们一同参加的回顾活动 / 会议的感受。当然，有些人对分享的恐惧存在于个人层面，不管别人对他们有多友善，他们都不愿意分享任何事情。缺乏信任也可能是关系问题，通过改变团队沟通的方式就可以提高信任度。

最重要的是要尝试理解影响团队的文化，无论是国家文化还是组织文化，在准备回顾活动时都非常有帮助。

线上回顾

这种反模式的背景是线上回顾活动，但是，不同文化的挑战也可能出现在现场回顾活动中。如果差异表现为半数团队成员的沉默，你可以采取快速解决，尝试让大部分的成员匿名参与。

这样做也许会有效果，但并不是长久之计，如果你能在现实生活中见到这些人，你会比在线上环境拥有更多的选择。你可以在回顾活动之前或之后与他们私下交谈，通过询问他们在工作中所经历的好的或不好的事情，来了解他们的文化。如果他们向你敞开心扉，那么你就可以进行一次关于文化差异的回顾活动，并在下一次回顾活动中一同尝试某些实践。例如，做一次未来展望让问题变得更加抽象或者在回顾活动开始时留出更多时间去闲聊。

个人经历

在某个特定的环境中，一个来自印度的团队与我们的丹麦团队一起工作，我们每两周和他们进行一次回顾活动。我被告知印度人从不分享任何负面的内容或者说任何可以被理解为负面的内容。也许是因为他们害怕被解雇，也许是他们的文化中就不包含消极的内容，我不知道确切原因。

我创建了一个谷歌文档，使用了“所有人可用链接”选项，并通过电子邮件发送链接、邀请他们参加回顾活动。来自印度的团队立即明白了它的工作原理，他们不知道别人在写什么，更重要的是，别人也不知道他们在写什么。一进入回顾活动的收集数据阶段，他们就很难停下来了。他们对系统、代码质量、会议和交流方面都提出了很多问题。这些问题的出现是非常好的，因为它们给了我们一个机会去解决以前从未解决过的问题——那些重要的、改变游戏规则的问题。

但最精彩的部分是当团队采用头脑风暴来进行实践的时候。印度团队对实践有着非常大胆的想法，这是他们以前从未提过的。回顾活动结束时，他们大笑起来，并开起了玩笑，我认为这是一个非常好的信号，表明他们感到自己的意见有人在认真听取，同时也能够放心地分享而不必担心后果。

死亡沉默

……团队成员完全沉默，这种情况通常发生在线上回顾活动时。尽管成员不愿意参与，但引导师还是应当采用各种策略来听取他们的意见。

第 24 章

故事背景

Sarah 觉得自己已经用尽了浑身解数来鼓励自己的团队发言。她甚至分享了自己度假的故事，希望团队能够展开讨论，即使不是讨论他们的工作方式，至少也要讨论点什么。

这是分布式团队的第三次线上回顾活动，Sarah 感到束手无策。在他们使用的虚拟房间里，只有一片死一般的沉默，她说的任何话都得不到回应，只能听到微弱的嗡嗡背景声。大多数团队成员的声音和视频都被关掉了。视频上只能看到少数几个人，他们看似都盯着自己的屏幕，在敲键盘，但是，共享文档中什么也没有出现，所以 Sarah 知道他们忙着处理的工作与这次回顾活动毫无关系。①

为了能让团队参与进来，Sarah 甚至故意对回顾活动进行贬低，她说了一些类似“我知道这不是你们最喜欢的消磨时间的方式”和“我知道你们觉得这些回顾活动既无用又无聊”这样的话，可她得到的唯一反应是压低的笑声。

Sarah 提前结束了回顾活动，因为实在没有什么可讨论的。

背景解读

在分布式回顾活动中，通常有些人会一直沉默。如果你能确保时不时听到他们的声音，则说明回顾活动还可以进行下去。但有时，整个团队都集体沉默。与现场回顾活动相反，引导师不可能走到人们面前或通过眼神交流来敦促他们发言。在网上保持沉默，实在是太容易了，但在现场，要难得多，因为现场的沉默会让人感到有点不舒服。

线上回顾活动中，你可能会遇到这种情况：一个团队分布在多个不同的地点，每个地点都保持或多或少的有效在线上连接，但是，却呈现出死一般的沉默。也许他们害怕开口说话；也许他们正在工作、写邮件或是浏览 Facebook；也许他们对要讨论的话题无话可说。

① 作为引导师进行回顾会议时，你会有一种近乎不可思议的敏锐感觉，能感知到人们是在关注回顾活动，还是把注意力放在其他事情上。

虽然团队对他们自己选择的相关主题无话可说似乎很奇怪，但这种情况还是发生了。也许他们觉得应该在这次回顾活动中讨论测试策略 / 流程 / 会议议程，因为他们知道自己对这些方面并不满意。但由于某些原因，可能是害羞、内向或是感觉自己无能为力，讨论并没能进行下去。

这也可能是由于礼貌与在线上协作的限制混合造成的。即使开着摄像头，人们也很难判断出谁正准备开口说话，他们不想打断别人的发言，于是就保持沉默。也有些人保持沉默是出于另一个原因，他们认为别人要说的话比自己的观点更重要。

反模式解决方案

反模式解决方案是允许人们保持沉默。这种做法的思路是，如果他们无话可说，就不要强迫他们开口。

结果

短期内的结果是，回顾活动中的讨论建立在极少数人的意见上，所以一些原因、故事或担忧没有被表达出来。从长远来看，结果将是回顾活动变得毫无收获，并最终将被取消。有的人不再抽出时间来参加回顾活动，然后一个接一个，直到最后，整个团队都失去了兴趣。

症状

最明显的症状是回顾活动中的沉默。视频黑屏和静音也是症状之一，尽管有些人是出于其他原因将声音静音，比如为了避免会议中出现不必要的背景噪音，咳嗽、孩子的打扰和静电干扰等等。不太明显的症状是，人们开始拒绝参加回顾活动的邀请。

重构解决方案

重构解决方案中有很多提示和技巧，因为应该如何应对的选择，在很大程度上取决于沉默的原因。

一般来说，在回顾活动开始时，你要确保能听到每个人的声音。如果在一开始时就“允许”人们保持沉默，那么他们在回顾活动时就更容易保持沉默。这被称为“激活现象”（Gawande 2011）。

三不五时地使用一次轮询，向每个人提出同样的问题，例如，“你是如何经历这个事件的？”或者“你认为这个实践在最后的冲刺中取得了多大程度的成功？”轮询会让每个人都能感受到他们的意见是很重要的，即使这并不是他们通常的期望。在这样的场合，我经常从一些沉默的人那里听到令人惊讶的洞见。要确保问题简单，至少在你做第一次轮询时用简单的问题提问；但是，也不要使用答案可以为“是 / 否”的封闭性问题。不要让任何人感到不舒服，至少不要故意这样做。

如果你认为沉默是由于害羞造成的，那就把团队分成几个小组，让他们在另一个频道上说话。如果这还不足以让所有人都开口，就继续把他们分开，直到他们两人一组。但要确保自己能时不时地听到他们的声音。

有时，人们之所以沉默，仅仅是因为“房间”里的人太多了。在一些在线上协作工具中，你可以使用分组讨论室。如果在你使用的工具中无法做到这一点，你可以让团队使用另一个工具进行小范围的分组讨论，甚至在同一个工具中启动多个会议。要注意的是，如果把他们派到一个你无法联系到他们的地方，你必须确保自己有办法“找到他们”，如果他们没有在指定的时间回来，你就要把他们叫回来。

如果他们保持沉默的原因是他们在团队中没有安全感，这可能需要在线上下或是在单独的会议上解决。如果注意到某人总是沉默不语，可以考虑在会议之外与他 / 她讨论这个问题，也许可以通过电话或是一对一的聊天。可以询问他 / 她是否知道听取团队中每个人的意见是多么重要。但要避免这样的问题：“你怎么这么沉默？”后者可能会让对方感觉是一种攻击，而前者则是鼓励他 / 她反思自己在团队中的角色和责任。

也许团队只是觉得很难去谈论事情、分享经验和想法。在这种情况下，可以把回顾活动的议程安排得更紧一些。举个例子，与其给他们 10 分钟的时间单独思考上一个冲刺中的事件，不如只给他们 3 分钟，然后让每个人与另一个人分享。这样就让他们有机会在分享之前先仔细思考，于是那些在讨论前需要反思的人就有时间了。这也给了那些在全体会议前需要先做一些确认的人一个机会，让他们至少可以向另外一个人试探一下深浅。当然，这样一来，你可能无法解决你想要解决（和他们想要解决）的那么多的问题。但是，专注于少数几个主题，并就它们展开真正有见地的对话，要比肤浅地触及 25 个话题要好得多。

正如你所看到的，有很多方法可以解决这个问题，其中大部分都取决于团队保持沉默的原因。一般来说，找到某件事情背后的那个原因（甚至数个原因），在我们生活的各个方面都很重要，特别是在回顾活动中。

线上回顾

这种反模式的背景是线上回顾活动，但正如本章的故事背景部分中提到的，这种反模式也可以发生在现场回顾活动中。当你和人们都在现场时，更容易让他们开口发言，因为你可以通过自己的肢体语言来鼓励他们。

另一个不同之处在于，在线上回顾活动中，不积极的团队成员通常在做其他事情，比如阅读电子邮件或查看新闻。当你们在同一间会议室里的时候，如果他们这样做就会很明显，并且更容易针对这些行为制定相关的基本规则（例如，在回顾活动中不能使用手机或电脑）。最重要的是要找出沉默的原因。是因为他们害羞，还是因为他们不愿受约束？如果是因为不愿受约束，又是出于什么原因呢？了解到的信息更多之后，你可能会发现自己处于另一种反模式中，如“消极的团队”（第 21 章）、“好奇的经理”（第 15 章）、“缺乏信任”（第 22 章）或者可能会议室里全都是“沉默者”（第 19 章）。

个人经历

这段经历发生在几年前（幸好不是我刚开始从事引导回顾活动的那段时间），我被要求为一个完全分布式的团队引导回顾活动。团队成员从未见过面。他们全部都来自一个“强大、沉默”的企业文化，而且之前都没有参加过回顾活动。他们被聘用的原因是他们的编程能力，而不是沟通能力。

像往常一样，我在开始回顾活动时要求他们回答一个问题。在这个案例中，问题很简单，是关于他们在团队中承担的角色。大多数人的回答都很简短，而且很有针对性，这正是我想要的，所以我觉得很好。

在回顾活动接下来的部分，我向他们解释了议程以及我希望他们能从中收获什么。我还解释了如何使用我们将分享的谷歌绘图文档。现在回想起来，我觉得我本应该询问他们对回顾活动的期望是什么，但我没有问。

我们以一种非常沉默的方式进入了收集数据阶段，我让他们在谷歌绘图软件中在线上填写便签，写上过去两周内发生的事件，然后把它们放在谷歌公告板上。

在场一共8个人，写了10个便签。我怀疑有些团队成员什么也没有写。

通常情况下，下一个环节是查看所有的便签，并将它们分组。但是，因为一共只有这么几张便签，就没必要再分组了。我把它们都大声读了一遍，以确保每个人都知道每张便签上写了什么。之后，我想或许可以让他们看看自己写的内容，听听他们为什么选择分享这些事件。但是，我没有这样做。

针对每一张便签，我都会稍作停顿，请大家提问、评论或反思，以便生成洞见。但每一次，没有别的，唯有沉默。

我深深地知道，“生成洞见”是回顾活动的关键部分，所以我决定让团队反思或至少讨论其中一些事件。我对他们选择分享的一些内容表示赞赏，但是，我希望他们能从从中学到更多。其中有一个事件，是原定的发布计划被取消了。我觉得这对他们来说应该很有意思。

我画了一个鱼骨架，决定做一个“强制”的鱼骨原因分析。一般情况下，我会让团队成员自愿地在便签上写出他们能想到的可能原因，并把它们放在鱼骨上。

不过在这个案例中，我决定进行一次轮询，这样我就可以强迫他们说出自己的想法。我浏览了一遍参加回顾活动的人员名单，让他们每个人都想出一个取消发布的可能原因，并把它写在鱼骨上。在最开始的 5 分钟里，所有人都在唉声叹气，有的人说他们想放弃。但之后，轮询开始起作用了。结果，大家提出了许多可能导致发布取消的原因，有技术上的，也有组织上的。现在，我们已经有了可以讨论重要问题的依据，对我来说，在回顾活动的剩余部分更容易让他们发言了，尤其是现在，我已经明白了自己面临的挑战，我可以找到方法来应对：不在全体会议上提问题，而是留出时间给他们思考，然后每次只提一个问题。

我之所以在这种场景下决定采用这样的应对方式，是因为我猜团队之所有保持沉默，是因为文化使然，而不是因为害羞或恐惧。当然，我也可能猜错了，那就改变我的方法，甚至结束本次回顾活动，改为线下和他们进行交流，以便弄清楚以后的回顾活动应该怎么开展。

结语

简而言之，我只希望大家可以避免我踩过的坑，少犯错误，少走弯路。在回顾活动中，要注意本书前面提到的陷阱，留心，别让它们把你绊倒。

也就是说，很多人可能是不见棺材不见泪，需要通过自己犯错来学习。因此，本书的结论也许会是，你发现自己在某个时间点遇到了这些反模式解决方案中的大多数， 但至少你会知道，并非只有你一个人遇到了。在丹麦的某个地方，艾诺（Aino）也因为在特定的时间遇到这种特殊的反模式而感到无比沮丧。也许这可以帮助你了解，无论你在引导回顾活动时发现自己的境遇有多糟糕，都不要暗自神伤，因为有人可能也经历过同样的情况，比如我。对我来说，这本书的写作很困难，因为我不得不提醒自己去面对以前犯下的所有错误。这条路虽然痛苦，但我也从这样的回顾活动中学到了很多。

我还希望你知道，我一直都在努力从自己的错误中吸取教训，并在下一次回顾活动中提高自己的引导技巧，即使只有一点点，也足以让我再次感受到自己的进步。

雄关漫道真如铁，而今迈步从头越，无论你是开始或者继续引导之旅。如果犯了错误，也许会感到庆幸，也许会觉得难过，这取决于各人的天性，但一定要尝试反思错误并从中学习经验教训。我从失败的回顾活动中所学习到的，不仅对回顾活动有帮助，还对回顾活动之外的各个方面大有帮助。例如，我发现，我的负面情绪并不一定是源自于我自己；通常，它来自于其他根源。另外，如果你允许那些沉默的人发言，他们往往有非常重要的意见要表达。我发现，我自己也在努力引导生活中的每件事，我之所以能够侥幸成功，是因为引导并不是为了掌握权力或操纵他人，而是要帮助每个人都有机会让别人倾听自己的心声，并确保人们在每一个合作环境中都能感受到尽可能多的美好。

但是，有些时候，我只是情绪非常糟糕，我也不在乎别人对自己的看法。偶尔这样，也无伤大雅。

参考文献

Adkins, Lyssa. 2010. *Coaching Agile Teams.* Indianapolis: Pearson.

Alexander, Christopher, Jacobson, Max, Ishikawa, Sara, & Silverstein, Murray. 1977. *A Pattern Language: Towns, Buildings, Construction.* New York: Oxford University Press.

Allspaw, John. 2014. "The Infinite Hows: An Argument against the Five Whys and an Alternative Approach You Can Apply." O' Reilly Radar. https://www.oreilly.com/ideas/the-infinite-hows

Beck, Kent. (1993) 1999. "A Short Introduction to Pattern Language." In *Kent Beck's Guide to Better Smalltalk: A Sorted Collection.* New York: Cambridge University Press, 137–144.

Bens, Ingrid. 2005. *Facilitating with Ease!: Core Skills for Facilitators, Team Leaders and Members, Managers, Consultants, and Trainers.* Hoboken, NJ: Wiley.

Bergin, Joseph, & Eckstein, Jutta. 2012. *Pedagogical Patterns: Advice for Educators. Pleasantville,* NY: Joseph Bergin Software Tools.

Brown, William J., Walveau, Rahael C., McGormick, Hays W., & Mowbray, Thomas. 1998. *Antipatterns: Refactoring Software, Architectures, and Projects in Crisis.* Hoboken, NJ: Wiley.

Caspersen, Michael E. 2007. "Educating Novices in the Skills of Programming" (PhD dissertation). University of Aarhus, Denmark.

Coplien, James O., & Harrison, Neil B. 2005. *Organizational Patterns of Agile Software Development.* Upper Saddle River, NJ: Prentice Hall.

Cornils, Aino. 2001. "Patterns in Software Development" (PhD thesis). University of Aarhus, Denmark.

De Bono, Edward. 1999. *Six Thinking Hats. New* York: Back Bay Books.

Deutsch, Morton. 1977. *The Resolution of Conflict: Constructive and Destructive Processes.* Carl Hovland Memorial Lectures Series. New Haven, CT: Yale University Press.

Eckstein, Jutta. 2019. "Retrospectives for Organizational Change: An Agile Approach." EPUB: ISBN 978-3-947991-00-6

Fowler, Martin, & Lewis, James. 2014. "Microservices." https://martinfowler.com/articles/microservices.html

Gamma, Erich, Helm, Richard, Johnson, Ralph, & Vlissides, John M. 1995. *Design Patterns: Elements of Reusable Object-Oriented Software.* Reading, MA: Addison-Wesley.

Gawande, Atul. 2011. *The Checklist Manifesto: How to Get Things Right.* New York: Picador.

Gonçalves, Luís. 2019. "9 Deadly Agile Retrospectives Antipatterns Every ScrumMaster Must Avoid." https://luis-goncalves.com/agile-retrospectives-antipatterns

Gonçalves, Luís, & Linders, Ben. 2014. *Getting Value Out of Agile Retrospectives: A Toolbox of Retrospective Exercises.* InfoQ Enterprise Software Development Series. Morrisville, NC: Lulu.com.

Kahneman, Daniel. 2013. *Thinking Fast and Slow. New York: Farrar, Straus and Giroux.*

Kaner, Sam. 2007. *Facilitator's Guide to Participatory Decision-Making.* Hoboken, NJ: Wiley.

Kerth, Norman L. 2001. *Project Retrospectives: A Handbook for Team Reviews.* New York: Dorset House.

Kerr, Dave. 2018. "The Death of Microservice Madness in 2018." https://dwmkerr.com/the-deathof- microservice-madness-in-2018

Kurtz, C., & Snowden, D. 2003. "The New Dynamics of Strategy: Sense-Making in a Complex and Complicated World." *IBM Systems Journal,* 42(3): 462–483. https://doi.org/10.1147/sj.423.0462

Larsen, Diana, & Derby, Esther. 2006. *Agile Retrospectives: Making Good Teams Great.* Dallas: Pragmatic Bookshelf.

Lipmanowicz, Henri, & McCandless, Keith. 2014. *The Surprising Power of Liberating Structures: Simple Rules to Unleash a Culture of Innovation.* Seattle: Liberating Structures Press.

McKnight, D. H., & Chervany, N. L. 2001. "Trust and Distrust Definitions: One Bite at a Time." In R. Falcone, M. Singh, and Y.-H. Tan (Eds.), *Trust in Cyber-Societies: Integrating the Human and Artificial Perspectives.* Berlin: Springer-Verlag, 27–54.

Pease, Allan, & Pease, Barbara. 2004. *The Definitive Book of Body Language.* London: Orion Books.

Pelrine, J. 2011. "On Understanding Software Agility—A Social Complexity Point of View." E:CO, 13(1–2): 26–37.

Rising, Linda, & Manns, Mary Lynn. 2005. *Fearless Change: Patterns for Introducing New Ideas.* Boston: Addison-Wesley.

Ross, Lee. 1977. "The Intuitive Psychologist and His Shortcomings: Distortions in the Attribution Process." *Advances in Experimental Social Psychology,* 10, 173–200. https://doi.org/10.1016/ S0065-2601(08)60357-3

Ryan, Kathleen D., & Oestreich, Daniel K. 1998. *Driving Fear out of the Workplace: Creating the High-Trust, High-Performance Organization.* San Francisco: Jossey-Bass.

Schwarz, Robert M. 2002. *The Skilled Facilitator.* Hoboken, NJ: Wiley.

Simpson, J. A. 2007. "Psychological Foundations of Trust." *Current Directions in Psychological Science,* 16(5): 264–268.

Snowden, Dave. 2015. "Description Not Evaluation" (blog post). http://www.cognitive-edge.com/blog/ description-not-evaluation/

Tabaka, Jean. 2006. *Collaboration Explained: Facilitation Skills for Software Project Leaders.* Upper Saddle River, NJ: Addison-Wesley.

Tung, Portia. 2019. "The School of Play." https://theschoolofplay.wordpress.com/who-we-are/

Voss, Chris, & Raz, Tahl. 2017. *Never Split the Difference: Negotiating as If Your Life Depended on It.* London: Random House.

Wolpers, Stefan. 2017. "21 Sprint Retrospective Anti-Patterns." https://dzone.com/articles/21-sprintretrospective-anti-patterns

Womack, James P., Jones, Daniel T., & Roos, Daniel. 1990. *The Machine That Changed the World: The Story of Lean Production.* New York: Macmillan.